공리주의

공리주의

초판1쇄 발행 2014년 6월 30일 | **초판3쇄 발행** 2020년 3월 4일
지은이 존 스튜어트 밀 | **옮긴이** 박상혁 | **펴낸곳** 계명대학교출판부 | **펴낸이** 신일희
출판등록 제347-1998-1호(197 . 9. 1.)

주소 대구광역시 달서구 달구벌대로 1095
전화 053) 580-6233 | FAX 053) 580-6235

ISBN 978-89-7585-672-3 03160

· 값 8,000원
· 잘못 만들어진 책은 교환해 드립니다.

계명교양총서

60

공리주의

존 스튜어트 밀 지음
박상혁 옮김

계명대학교 출판부

머리말

서양윤리학은 기원전 5세기 경에 소크라테스가 우리는 어떻게 살아야 하는가? 혹은 우리가 행복하게 살기 위해서는 도덕적으로 살아야 하는가?라는 질문을 아테네의 젊은이들에게 던지고, 그들이 함께 이 질문에 대한 답을 탐구하면서 시작되었다고 할 수 있다. 그런데 소크라테스의 질문에 답하기 위해서 우리는 다음과 같은 질문에 답을 해야 한다. 첫째, 행복이란 무엇인가? 둘째, 도덕적으로 올바르게 살기 위해서는 어떻게 해야 하는가? 셋째, 행복과 도덕의 관계는 무엇인가? 사실 소크라테스 이후에 출현한 서양의 윤리이론들은 이 질문들에 대한 다양한 답변 방식이라고 이해할 수 있는데, 그 대표적인 예로 아리스토텔레스의 덕윤리(virtue ethics), 임마누엘 칸트의 의무주의(deontology), 존 스튜어트 밀의 공리주의(utilitarianism) 등을 들 수 있다.

존 스튜어트 밀은 1861년에 출판된 『공리주의』에서 위의 질문들에 대해서 다음과 같은 답을 제시한다. 첫째, 행복은 쾌락이다. 둘째, 도덕적으로 올바른 행위는 모든 사람들의 행복을 평등하게 고려해서 그들의 행복의 총량을 극대화하는 행위이다. 셋째, 좋은 사회에서 우리는 도덕적으로 살 때 행복할 수 있다.

밀의 이런 답변들은 지금 보면 평범해 보일 수 있지만 인종차별, 신분차별, 성차별이 상식으로 통용되고 제도화 되어

있던 19세기 당시에는 매우 급진적인 사상이었다. 밀과 같은 공리주의자들이 그 당시 국가나 사회에 요구한 것은 인종차별을 받는 사람들의 행복도 인종차별을 하는 사람들의 행복과 평등하게, 신분이 낮은 사람의 행복도 신분이 높은 사람들의 행복과 평등하게, 여성의 행복도 남성의 행복과 평등하게 고려되고 증진되어야 한다는 것이었다. 이처럼 공리주의자들이 부당한 차별에 반대하고, 더 나아가 사회전체의 행복을 증진하기 위해서 정치적 평등과, 정치적 평등의 기초가 되는 상당한 수준의 경제적 평등을 주장했기 때문에 공리주의자들은 당시에 '철학적 급진주의자들'이라고 불렸다.

이런 실천적 성과와 이론적 발전에 힘입어서, 공리주의는 19세기 이후 서양윤리학에서 가장 체계화되고 영향력 있는 윤리이론으로 인정되어 왔다. 그렇지만 다른 한편으로는 공리주의의 이런 주도적 위상 때문에 공리주의는 언제나 비판의 대상이 되어 왔다. 그러나 공리주의를 비판하는 대부분의 이론가들도 공리주의가 서양윤리학에서 가장 잘 발달된 이론이라는 것을 인정하는 데에 이의가 없으며, 도덕이론가로서 존 스튜어트 밀에 대해서는 더할 수 없는 존경심을 표해 왔다.

공리주의가 서양에서 이런 위상을 가지고 있고 그에 걸맞게 이해되는 데 반해, 우리 한국에서 공리주의는 자주 향락주의적 이론이거나 비도덕적인 이론으로 오해되는 경우가 많았다. 그러나 공리주의는 향락주의적 이론도 아니고 비도덕적인 이론은 더욱 더 아니며, 오히려 우리의 윤리적 전통에서 중요한 덕목으로 강조되던 멸사봉공을 강조하는 이론에 가깝다고 할 수 있다. 그런데 공리주의가 한국에서 이렇게 오해되어온 원인 중의 하나는 우리가 공리주의를 주창하는 글을 통해서 공리주의를 이해해 온 것이 아니라, 공리주의를 비판하는 글을 통해서 공리주의를 추정하고 오해해 왔기 때문이다. 공리주의에 대한 이런 오해는 공리주의를 공정하게 평가하는데 있어서도, 그리고 서양윤리학을 정확하게 이해하는데 있어서도 커다란 장애물이 되어 왔다.

밀의 『공리주의』는 공리주의에 관한 저작 중에서 가장 영향력있는 저작이라 할 수 있는데, 옮긴이는 이 번역본이 지금까지 공리주의에 대한 오해를 불식하고, 공리주의의 이상, 그리고 더 나아가 서양윤리학이 추구했던 이상을 이해하는 데 도움을 줄 것이라 믿는다.

옮긴이 박상혁

일러두기

1. 독자의 이해의 편의를 돕기 위해 주석을 붙였는데, 저자주라고 명시하지 않은 것은 모두 역자주이다.
2. 이 책은 『공리주의』에 나오는 논증의 구조를 잘 보여줄 수 있도록 번역되었다.
3. 번역의 원본은 밀의 『공리주의』 제4판인 On Utilitarianism (London: Longmans, Green, Reader, and Dyer, 1871)으로, 이 제4판이 존 스튜어트 밀의 생존 시에 마지막으로 출판된 판본이다.

목차

제1장

서론

제1장

서론

인간의 삶의 중요한 주제를 다루는 여러 학문분야에서 우리 인류가 도달한 지식의 상황을 고려할 때, 인간 삶에서 옳고 그름을 판단하는 기준에 관한 학문인 윤리학만큼 기대에 미치지 못할 뿐만 아니라, 오히려 심각한 후진상태를 보이는 학문분야는 없다. 철학의 여명기에서부터 도덕의 기초라 할 수 있는 최고선, 즉 우리가 살면서 추구해야 할 최고의 가치가 무엇인지가 중요한 문제로 간주되어왔고 가장 재능 있는 지성인들이 이 문제를 해결하기 위해 노력해 왔지만, 그런 지성인들은 여러 학파로 분열되어 치열한 논쟁만을 벌여왔을 뿐이다.[1] 게다가 이런 논쟁이 시작된 지 이미 이 천년 이상이 지났지만, 철학자들은 여전히 여러 학파들로 나뉘어서 논쟁을 계속하고 있다. 만일 플라톤의 대화편 『프로타고라스』가 궤변론자인 프로타고라스와 소크라테스가 실제로 나눈 대화를 기록한 것이라면, 청년 소크라테스가 노인 프로타고라스의 말을 경청하고 당대의 궤변론자들의 상식적 도덕에 반대하며 공리주의를 주장했을 때보다, 이 문제에 관해 오늘날 사상가들뿐만 아니라 우리 인류가 합의에 도달할 가능성은 소크라테스의 시대보다 높지 않다.[2]

1 밀은 여기에서 서양철학이 소크라테스 이전의 그리스의 철학자들에 의해서 탄생했다는 것을 암시하고 있다. 최고선(혹은 최고목적)은 인간이 추구하는 으뜸가는 가치라고 이해할 수 있는데, 고대 그리스의 철학자들은 대부분 인간이 추구하는 최고선이 행복이라고 주장했다.

2 플라톤(기원전 428-347)은 소크라테스의 제자였는데, 플라톤의 저작들은 일반적으로 소크라테스와 다른 사람이 대화를 나누는 형식으로 이루어져있기 때문에 플라톤의 저작들을 대화편이라고 한다. 프로타고라스는 소피스트들 중에서 가장 유명한 사람들 중 한 명인데, 플라톤의 『프로타고라스』는 소크라테스와 프로타고라스의 대화형식으로 이루어져 있다.

모든 과학의 영역에서도 그 과학의 제1원리에 관해서 이와 유사한 혼란과 불확실성이 존재하며, 어떤 경우에는 이와 유사하게 의견이 일치하지 않는 경우가 있는 것이 사실이다. 그리고 그 면에서는 모든 과학들 중 가장 확실한 과학으로 인정되는 수학의 경우도 예외가 아니다. 그러나 얼핏 모순처럼 들리기는 하지만, 그런 사실이 과학 분야에서는 결론의 신뢰성을 손상하지 않는데, 그 이유는 특정 과학의 세부 이론은 보통 그 분야의 제1원리로부터 연역되지 않을 뿐만 아니라 그 타당성도 제1원리에 의존하지 않기 때문이다. 만일 그렇지 않다면 대수학만큼 불확실하고 불충분한 결론을 이끌어내는 과학도 없을 터인데, 대수학의 가장 대표적인 학자들이 수립하고, 학생들이 배우는 대수학의 기초원리는 (영국법 못지 않게) 허구로 가득 차 있고,[3] (신학만큼이나) 신비로 넘쳐난다. 어떤 한 과학 분야에서 궁극적으로 제1원리로서 받아들여지는 진리들은 사실 그 분야에서 늘 쓰이는 기본 개념들에 대한 형이상학적 분석으로부터 얻어진 최종 결론이다. 이런 진리와 과학의 관계는 건물의 기초와 그 기초 위에 세워진 건물의 관계라기보다는 뿌리와 나무의 관계에 보다 가깝다고 할 수 있는데, 뿌리는 땅 속에 묻혀서도 (즉 나무의 뿌리를 땅에서 파내어서 햇빛에 노출시키지 않더라도) 나무를 지탱하고 영양을 공급하는 뿌리의 기능을 잘 수행할 수 있기 때문이다. 그런데 과학에서는 특정 부분의 진리가 일반화된 이론보다 먼저 발견되지만, 도덕이나 입법 활동 같은 실천적 기술(practical art)에서는 그 반대가 사실이다.[4] 모든 행동은 어떤 목적을 추구하며, 따라서 행동의 규칙들의 전체적인 특성과 색깔은 그것들이 추구하는 목적에 따라 규정될 수밖에 없다.[5] 따라서 우리가 무엇인가를 추구할 때, 먼저 그 추구하는 것에 관해 분명하고 자세하게 파악하는 것이, 우리가 필요로 하는 마지막 것이 아니라 첫 번째 것이다. 옳고 그름을 시험하는 테스트는 무엇이 옳고 그른지를 구별하기 위한 수단인 것이지, 옳고 그름을 구별한 후 도출되는 결과가 아니다.

3 공리주의의 선구자인 벤담(1748-1832)은 철학자이며 법학자였는데, 그는 영국의 관습법이 이해할 수 없고 소통할 수 없는 허구로 가득 차 있어서, 이런 영국법을 사람들이 이해할 수 있는 합리적인 것으로 만들어야 한다고 주장했다.

4 영어 'art'에 상응하는 그리스어 단어인 'techne'는 '예술' 혹은 '기술'로 번역될 수 있는데, 여기서는 '기술'이라고 번역한다. 밀은 이론적 이성을 사용하는 과학과 실천적 이성을 사용하는 기술을 구분한다.

5 이 구절은 아리스토텔레스의 『니코마코스 윤리학』에서 "모든 기술은 목적을 가지고 있다는" 첫 구절을 연상시킨다.

이런 어려움은 우리 인간들이 옳고 그름을 판별하는 자연적인 능력으로서 본능적인 감정[도덕감]을 가지고 있다는 대중적 이론인 직관주의에 호소한다고 해서 해결되지는 않을 것이다.[6] 왜냐하면 그런 도덕감이 존재하느냐 하는 것 자체가 논란거리라는 것 외에도, 그러한 도덕감이 존재한다고 믿는 사람들 중에 철학적 소양을 가지고 있다고 자처하는 사람이라면, 우리의 시각이나 청각 같은 감각기관이 실제로 벌어지는 광경과 소리를 구별하는 것처럼, 그런 도덕감이 구체적인 상황에서 옳고 그른 것을 구분할 수 있다는 것을 부정해야만 하기 때문이다. 이런 도덕감이 존재한다고 주장하는 사람들 중에서 철학자라고 불릴만한 자격이 있는 사람들에 의하면 우리의 도덕적인 본능은 도덕적 판단의 일반적 원칙들만을 제공한다. 그것은 우리 이성의 한 가지(branch)이지, 우리의 감각기관이 아니고, 그것은 추상적인 도덕 이론을 수립하는 데에는 도움이 될 수 있겠지만, 어떤 구체적인 사례들이 도덕적인지 아닌지를 판단하는 데에는 도움이 되지 못할 것이다. 직관주의자들도 귀납주의자들[여기서는 공리주의자들] 못잖게 일반적인 원칙의 필요성을 강조한다.[7] 두 학파 모두 개별적 행위의 도덕성은 직접적인 지각의 문제가 아니라, 일반적인 도덕법칙을 개별적인 사례에 적용하는 문제라는 것에 동의한다. 그들도 또한 어느 정도까지는 귀납주의자들과 동일한 도덕법칙을 인정한다. 다만 그들은 그런 원칙들의 증거와 그런 원칙들이 가지는 권위의 원천에 관해서 귀납주의자들과 의견을 달리할 뿐이다. 직관주의자들의 견해에 의하면 도덕원리들은 선험적으로[즉 경험하지 않고도] 명백해서, 사람들이 그런 원칙에 동의하기 위해서는 그 용어의 의미만 이해하면 된다. 이에 반해 귀납주의자들의 견해에 따르면, 세계에 관한 경험적 명제들이 참인지 거짓인지를 결정하기 위해서 관찰과 실험에 의존해야 하는 것처럼, 도덕적 선과 악의 문제를 결정하기 위해서도 관찰과 실험에 의존해야 한다. 하지만 양 학파 모두 도덕은 일반적인 원리들로부터 연역되어야 한다고 보며 직관주의 학파도 귀납주의 학파만큼이나 과학으로서의 윤리학[도덕과학]이 존재한다고 강하게 확신한다. 그러나 직관주의자들은 도덕과학의 전제인 선험적인 원리들의 목록을 만들려는 시도를 거의 하지 않을 뿐만 아니라, 그런 다양한 원리들을 의무의 제1원리나 공통기준으로 환원하려는 시도도 하지 않는다. 그들은 관습적 도덕의 통상적인(common) 원리들을 선험적인 권위를 가진 것으로 가정하거나, 그런 통상적인 도덕원리들의 공통적인 기초로서 그런 도덕원리들 자체보다 훨씬 권위가 없는 일반화된 원리를 제시한다. 그러나 모든 도덕의 기초에 어떤 기본적인 원칙이나 법칙이 있다는 그들의 주장을 지지하기 위해서는, 그런 다양한 도덕원리들 사이에 확립된 우선 순위가 있어야 한다. 그리고 그런 다양한 규칙들이 충돌할 때 이런 규칙들 중 어떤 것이 우선해야 하는 지를 결정하는 규칙[제1원리 혹은 공통기준]이 자명해야 한다.[8]

6 우리 인간이 도덕적인 옳고 그름을 구분할 수 있는 감각(sense)을 가지고 있다는 도덕이론을 도덕감 이론(moral sense theory)이라고 한다. 도덕감 이론의 대표자로 아담 스미스(Adam Smith)를 들 수 있다. 스미스는 근대경제학의 아버지로 불리는데, 그는 근대경제학의 기초를 놓은 『국부론』과 도덕감 이론에 관한 『도덕감정론』이라는 주저를 남겼다.

7 직관주의자들은 도덕원리들이 자명하며, 이런 도덕 원리들은 우리의 이성에 의해서 직관된다고 주장하는데 반해서, 귀납주의자들은 도덕적인 옳고 그름 역시 경험의 증거에 의존하며, 일반적인 도덕원리들은 귀납적 방법에 의해서 도달할 수 있다는 입장이다. 여기서 밀이 염두에 두고 있는 대표적인 직관주의 이론가는 윌리엄 휴웰(William Whewell, 1794-1866)이다. 밀은 직관주의가 당대의 관습적 도덕을 신성화하기 때문에 직관주의를 도덕적 진보에 대한 보수적인 장애물로 보았다. 이런 맥락에서 밀은 직관주의자들은 프로타고라스와 같은 보수주의자와 유사하고, 자신을 포함한 귀납주의자들은 소크라테스와 같은 도덕적 개혁주의자라는 것을 암시하고 있다.

8 여기서 직관주의에 대한 밀의 비판은 네 가지이다. (1) 직관주의자들이 주장하는 도덕감이 존재하지 않는다. (2) 직관주의자들은 관습적 도덕이 그 자체로 충분하다고 가정하고 기초원리들을 제시하지 않는다. (3) 다양한 도덕원리들 간의 충돌을 해결하기 위한 단일 도덕원리를 제공하지 않는다 (4) 직관주의자들이 제시하는 제1원리들은 개연성이 없다.

인류가 공통적인 도덕의 제1원리를 갖지 못한 것이, 혹은 우리 인류가 이런 공통적인 도덕의 제1원리를 공적으로 인정하지 못한 것이, 어느 만큼이나 인류의 도덕적 신념을 타락시키고 불확실하게 만들었는지를 살펴보기 위해서는, 과거와 현재에 걸친 윤리 이론들을 살펴보고 평가해 보지 않으면 안 될 것이다. 그러나 인류의 도덕적 믿음들이 어느 정도의 항상성과 일관성을 유지하고 있다면, 그것이 비록 제1원리로서 공적으로 인정되지는 않았지만 공리주의 원리가 암묵적으로 영향을 미쳤기 때문이라는 것을 보여주는 것은 어려운 일이 아니다. 비록 도덕의 공인된 제1원리가 없다 보니 도덕은 인간의 실제적 감정을 지도하는 원리라기보다 그런 감정을 신성화하는 역할을 하고 있지만, 그러나 인간의 행복에 영향을 미친다고 생각되는 것들이 인간의 호불호의 감정에 크게 영향을 미치기 때문에, '공리주의 원리' 혹은 '최대행복의 원리'가 심지어는 공리주의를 가장 경멸적으로 거부하는 사람들의 도덕 이론을 형성하는데 있어서도 큰 역할을 하고 있다. 인간의 행동이 행복에 미치는 영향에 대한 고려가 도덕에 관한 기본원리이거나 도덕적 의무의 원천이 된다는 사실을 인정하고 싶지 않아 하는 학파라 하더라도 인간의 행동이 인간의 행복에 미치는 영향에 대한 고려가 도덕에 있어서 가장 실질적인 고려사항일 뿐만 아니라, 때로는 압도적으로 중요한 고려사항이라는 것을 부인하지 못한다. 나는 그보다 더 나아가 모든 선험적 도덕이론가들에게 이런 공리주의 원리가 필수불가결하다고 주장하고자 한다. 하지만 지금 나의 목적은 그런 선험적 도덕이론가들을 비판하는 것이 아니다. 그러나 한 예로서 선험적 도덕이론가들 중 대표적 인물이라고 할 수 있는 칸트의 체계적 저서인 『도덕형이상학』에 대해 한마디 하지 않을 수 없다. 칸트의 사상체계는 철학사의 이정표 중 하나로 길이 남을 것인데, 칸트는 그의 저서에서 도덕적 의무의 기원과 근거로서 보편적 제1원리를 제시하고 있는데, 그것은 "당신의 행위의 준칙이 다른 모든 이성적 존재들에 의해서 보편적 법칙으로 받아들여질 수 있을 때에만 그 준칙에 따라서 행동하라"는 것이다. 그러나 그가 제1원리로부터 어떤 실제적인 도덕적 의무를 연역해내려고 하자마자, 그는 모든 이성적 인간들이 가장 비도덕적인 행동 규칙을 채택하는 것이 논리적인 모순을 발생시킨다는 것을, 다른 말로 하자면 물리적 모순이나 불가능성은 제쳐 두고라도 어떤 논리적 불가능성을 발생시킨다는 것을 보여주지 못한다. 칸트가 보여주는 것은 어떤 이성적 인간들도 그런 준칙이 보편적으로 채택되었을 때 발생하는 결과를 초래하고자 원치 않으리라는 것 뿐이다.[9]

9 독일 철학자인 임마누엘 칸트(Immanuel Kant, 1724-1804)는 대표적인 의무주의자로서, 비도덕적인 행위는 비이성적이기 때문에 이성적 존재인 인간은 비도덕적인 행동을 해서는 안 된다고 주장했다.

나는 이 책에서 더 이상 다른 이론에 대해 논의하지 않고, 다만 공리주의 또는 행복이론을 소개하고 평가하며, 공리주의에 적용될 수 있는 방식의 증명을 통해 공리주의를 증명하고자 한다. 이런 종류의 증명은 일상적이고 일반적인 의미에서의 증명은 아닐 것이다. 사실 궁극적인 목적이 무엇인지는 직접적으로 증명할 수 없다. 좋은 것으로 증명되는 것은 증명 없이 좋은 것으로 인정되는 것에 대한 수단이라는 것을 보임으로써 좋은 것으로 증명될 수 있다. 의학은 사람들을 건강하게 만들기 때문에 좋은 것으로 증명된다. 그러나 건강이 좋다는 것을 증명하는 것이 어떻게 가능한가? 음악은 여러 이유들이 있지만 쾌락을 산출한다는 이유 때문에 좋다. 그러나 쾌락이 좋다는 것을 어떻게 증명 할 수 있을까? 그렇다면 만일에 그 자체로 좋은 것이 있고, 그 외의 좋은 것들은 목적이 아니라 수단으로 좋다는 것을 포함하는 포괄적인 정식이 있다면, 그 정식은 받아들여지거나 거부될 것이지만, 우리가 일반적으로 이해하는 증명의 대상은 아니다. 그러나 우리는 그것을 받아들이거나 거부하는 것이 맹목적인 충동이나 자의적인 선택에 기초하고 있다고 결론을 내려서는 안 된다. 넓은 의미의 증명개념이 있는데, 철학에서 논쟁의 대상이 되는 다른 문제들처럼 이 문제에 대해서도 그런 방식의 증명이 가능하다. 이 주제는 이성적 능력의 인식 영역 안에 있다. 그 능력은 그것을 단지 직관의 방식으로 다루지 않는다. 지성이 그 이론을 긍정하거나 부정하도록 결정할 수 있는 고려사항들이 제시될 수 있는데, 이런 것이 증명과 같은 것이다.[10]

10 밀은 여기서도 자신의 입장이 직관주의와 다르다는 것을 명백히 하고 있다.

우리는 이제 이런 고려사항들의 본성이 무엇인지, 그리고 그것들이 어떤 방식으로 적용될 수 있는지, 따라서 공리주의를 받아들이거나 거부하는 어떤 이성적 근거가 있는지를 살펴볼 것이다. 그러나 공리주의를 이성적으로 받아들이거나 거부하기 위해서는 우선 공리주의를 정확하게 이해해야 한다. 사실 나는 공리주의에 대해 사람들이 통상적으로 가지고 있는 불충분한 개념이 공리주의를 받아들이는 데에 있어서 주된 장애물이며, 만일 그런 심각한 오해가 제거된다면 그 문제가 아주 단순해지고 공리주의를 보다 쉽게 받아들일 수 있을 것이라고 믿는다. 따라서 공리주의의 기준에 동의하기 위해 제시될 수 있는 철학적 기초에 대한 논의에 들어가기 전에, 나는 공리주의가 무엇인지, 그리고 공리주의를 공리주의가 아닌 것과 구별하고 그 의미에 관한 잘못된 해석에 기초하거나 밀접히 연관된 실천적인 반론에 응답하면서, 공리주의 이론 자체를 설명할 것이다. 이런 기초적 작업을 하고 난 뒤 공리주의를 둘러싼 철학적 논의를 전개하겠다.

제2장

공리주의란 무엇인가

제2장

공리주의란 무엇인가

공리주의에 대한 여러 가지 비판 중에서 공리주의자들이 '공리'라는 용어를 '쾌락'과 반대되는 의미로 사용한다는 무지한 비판에 대해서는 간략히 언급하는 것만으로도 충분할 것이다. 사실 공리주의에 대해 철학적 비판을 가하는 이론가들은 이런 식의 터무니없는 비판을 하는 사람들과는 거리가 멀다. 그런데 이 비판이 이상한 이유는 공리주의에 대한 통상적인 비판 중 하나가 공리주의가 모든 것을 쾌락과 연결시킨다는, 그것도 아주 긴밀하게 연결시키고 있다는 것이기 때문이다. 이런 점을 어떤 저자가 잘 표현하고 있는데, 동일한 종류의 사람들이, 게다가 종종 동일한 사람들이 공리주의에서 "공리가 쾌락 앞에 놓이면 공리주의는 실천불가능할 정도로 무미건조하고, 쾌락이 공리 앞에 놓이면 공리주의는 실천적으로 너무 향락적이라고 비판한다"는 것이다. 그렇지만 이 문제를 조금이라도 알고 있는 사람들은 공리주의를 주장하는 에피쿠로스부터 벤담까지 공리가 쾌락과 반대되는 것이 아니라,[11] 공리가 고통으로부터의 해방과 함께 쾌락 그 자체라는 것을, 그리고 공리가 쾌적한 것, 장식적인 것 혹은 아름다운 것과 대립되는 것이 아니라, 공리가 다른 것들 중에서 이런 것들을 의미한다는 것을 알고 있다. 그러나 보통의 저술가들을 포함한 보통의 대중들은 신문이나 잡지에서 그리고 학술서적에서조차 이런 터무니없는 실수를 계속 범하고 있다. 공리라는 말의 의미를 모르면서 그 소리만을 가지고, 그들은 공리주의가 쾌락을 거부하거나 소홀히 한다고, 그리고 어떤 경우에는 아름다움, 지식, 그리고 즐거움을 거부하거나 소홀히 한다고 주장한다. 그런데 공리주의라는 용어는 오직 공리주의를 비난 하는 경우에만 무지하게 잘못 적용되는 것이 아니라, 때로는 공리주의가 일시적인 변덕이나 즐거움보다 우월하다는 의미에서 공리주의를 칭찬하는 경우에도 잘못 적용된다. 공리주의에 대한 이런 잘못된 용법이 대중적으로 알려진 용법이고, 젊은 세대들은 그 용법으로부터 그 용어의 유일한 의미를 배워가고 있다. 나 자신이 공리주의라는 용어를 소개했지만, 여러 해 동안 독자적인 용어로 사용하지 않아 왔다. 하지만 만일 그 용어를 다시 사용함으로써 그 용어에 대한 심각한 오해를 바로잡을 수 있다면, 나 자신을 포함해서 공리주의에 공감하는 사람들은 그렇게 하고자 희망한다.[12]

11 에피쿠로스(342-270)는 헬레니즘 시대의 철학자로서 육체적 쾌락보다 정신적 쾌락이 우월하다고 명백히 공언하였다. 그러나 에피쿠로스는 쾌락주의자이기는 하지만 공리주의가 아니라 계몽된 이기주의를 주장한 것으로 이해할 수 있다.

12 (저자주) 사실 내가 '공리주의'라는 용어를 만든 것은 아니고, 존 갤트(John Galt)의 소설 『빠리 연대기』에서 잠시 언급된 표현을 차용한 것이기는 하지만, 내가 '공리주의'라는 용어를 현재 사용되는 방식으로 처음 사용한 사람이라고 믿을 만한 이유가 있다. 그런데 그 용어를 여러 해 동안 사용한 후에, 나와 다른 사람들은 그 용어가 분파들을 구별하는 뱃지나 구호와 비슷하게 사용되는 것이 싫어서 그 용어를 사용하지 않았다. 그러나 한 분파의 의견을 대표하는 것이 아니라, 하나의 단일한 의견을 대표하는 명칭으로서--공리를 어떤 특정한 방식으로 적용하는 것이 아니라 공리의 인정을 하나의 기준으로서 지칭하기 위해서--공리주의라는 용어는 영어의 필요를 충족시키고, 여러 경우에 지루한 표현방식을 피할 수 있는 편리한 방법을 제공한다.

도덕의 기초로서 공리 혹은 최대행복의 원리를 받아들이는 공리주의는 인간의 행위는 행복을 증진하는 경향에 비례해서 옳고, 행복의 반대인 불행을 증진하는 경향에 비례해서 그르다고 주장한다. 행복은 쾌락의 향유와 고통의 부재를 의미하고, 불행은 고통을 느끼는 것과 행복의 결핍을 의미한다. 공리주의에 의해서 정해지는 도덕의 기준이 무엇인지 명확하게 하기 위해서는, 특히 공리주의가 고통과 쾌락이라는 관념에 무엇을 포함시키는지, 그리고 그것이 어느 정도 열린 질문으로 남는 지 등에 관해 보다 많은 설명이 필요하다. 하지만 이런 보충적 설명이 공리주의가 기초하고 있는 인생철학에 영향을 미치지는 않는다. 즉 쾌락의 향유와 고통으로부터의 자유가 목적으로서 바람직한 유일한 것들이며, 모든 바람직한 것들은 (다른 여러 이론들과 마찬가지로 공리주의에서 이런 것들은 다수인데) 그것들 속에 있는 쾌락이나 쾌락의 증진과 고통의 감소에 대한 수단으로서 바람직하다는 것이다.

이런 인생철학은 많은 사람들의 마음 속에, 이들 중에는 그들의 감정과 목표에 있어 가장 존경 받을 만한 사람들도 있는데 그들의 마음 속에 지속적인 반감을 불러일으킨다. 그들은 인생에 쾌락보다 더 높은 목표가 없다고 상정하는, 즉 인간이 욕망하고 추구하는 것들 중에 쾌락보다 좋고 고귀한 대상이 없다고 상정하는 공리주의 인생철학이 완전히 저급하며 노예나 돼지들에게나 적합한 이론이라고 주장한다. 사실 옛날에 에피쿠로스주의를 비판하는 사람들이 에피쿠로스의 추종자들을 돼지에 비유한 것처럼, 현대에도 독일, 프랑스, 영국의 비판자들은 공리주의를 지지하는 사람들에 대해서 비슷한 비유를 한다.

그런 비판을 받을 때 에피쿠로스학파는 인간의 본성을 그렇게 저급하게 보는 것은 자신들이 아니라 자신들의 비판자라고 대답했는데, 그 이유는 그런 비판은 인간이 돼지가 느낄 수 있는 쾌락 이상의 것을 느끼지 못하다고 가정하기 때문이라는 것이었다. 만일 이 가정이 진실이라면, 그 비판은 부정될 수는 없지만 더 이상 비판이라 볼 수 없을 것인데, 만일 인간과 돼지의 쾌락의 원천이 정확하게 동일하다면 한쪽을 위한 삶의 규칙이 다른 쪽을 위해서도 충분히 좋을 것이기 때문이다. 돼지의 삶과 비교하는 것이 에피쿠로스학파의 삶을 격하시키는 것으로 느껴지는 것은 돼지의 쾌락이 인간의 행복 개념을 충족시키지 못하기 때문이다. 인간은 동물의 본능보다 높은 능력을 가지고 있고, 일단 그런 능력들을 의식하게 되면 그런 높은 능력의 만족을 포함하지 않는 것은 행복으로 여겨지지 않기 때문이다. 여기서 나의 의도는 에피쿠로스학파가 공리의 원리로부터 그들의 이론의 결과를 도출하는데 잘못이 없다고 주장하려는 것이 아니다. 적절한 방식으로 이를 수행하기 위해서는 스토아주의적인 요소들과 기독교적인 요소들도 포함되어야 한다.[13] 그러나 감각의 쾌락보다 지성, 감정과 상상력, 그리고 도덕 감정의 쾌락에 더 높은 가치를 부여하지 않은 에피쿠로스주의적 인생철학은 없다. 그러나 일반적으로 공리주의 저자들이 육체의 쾌락들에 대한 정신적 쾌락들의 우위를 그것의 항구성, 안전성, 적은 비용 등에, 즉 그것들의 본질적인 성질 때문이 아니라 상황적인 이익에 두어왔었다는 것은 인정되어야 한다.[14] 그리고 이 모든 면에서 공리주의자들은 그들의 주장이 옳다는 것을 충분히 증명했다. 그러나 이와 일관되면서도 그와는 다른 보다 적절한 근거를 제시할 수 있다. 어떤 종류의 쾌락이 다른 종류의 쾌락보다 더 바람직하고 더 가치있다는 사실을 인정하는 것은 공리주의 원리와 양립가능하다. 모든 것들을 평가할 때 양뿐만 아니라 질도 고려가 되어야 하는데 쾌락을 평가할 때에는 오직 양만을 고려해야 한다고 요구하는 것은 부조리하다.

13 스토아학파는 고대 그리스의 헬레니즘시대의 철학 유파로 에피쿠로스학파와 경쟁관계에 있었는데, 쾌락이 아닌 금욕과 미덕을 강조하고, 최고선을 평정심이라고 주장했다.

14 벤담이 이런 주장을 했는데 밀은 여기서 벤담의 약점을 보완하려 하고 있다.

만일 쾌락에서 질의 차이가 무엇이냐고 묻는다면 혹은 한 종류의 쾌락이 다른 종류의 쾌락보다 양이 많다는 것을 차치하고 쾌락으로서 더 가치있게 만드는 것이 무엇인지 묻는다면 단 하나의 답변만이 가능하다. 두 가지 쾌락 모두를 경험한 모든 사람들이, 만일 모든 사람들이 아니라면 대부분의 사람들이 도덕적 의무에 대한 감정과는 독립적으로 두 가지 쾌락 중에서 어떤 한 종류의 쾌락을 확실히 더 선호한다면 그것이 보다 바람직한 쾌락이다. 만일 양쪽 모두를 충분히 경험한 사람들이 그 둘 중 하나를 훨씬 더 높이 평가하고 그것을 선호한다면, 그 쾌락에 보다 많은 양의 불만족이 수반될 뿐만 아니라, 다른 종류의 쾌락을 누릴 수 있음에도 불구하고 그 쾌락을 포기하기 않는다면, 우리는 그 선호된 쾌락이 그 적은 양에도 불구하고 질적인 면에서 우월하다고 정당하게 주장할 수 있다.[15]

15 여기서 밀의 논변은 플라톤의 『국가』(9581c-583a)의 영향을 받은 것이다. 플라톤에 의하면 철학자는 가능한 다양한 삶의 방식들 중에서 무엇이 올바른지 아는데, 그 이유는 그가 그런 다양한 삶을 경험해 보았기 때문이다. 밀은 그의 자서전에서 플라톤만큼 자신의 정신세계에 영향을 미친 사람은 없다고 말한다.

두 가지 쾌락을 직접적으로 경험하고 감상하고 즐길 수 있는 사람들이 그들의 보다 높은 능력들을 사용하는 삶의 방식을 확실하게 선호한다는 데에 대해서는 논란의 여지가 없다. 인간들 중에 동물의 쾌락이 완전히 보장된다 하더라도 자신들이 하등동물로 되고자 하는 사람들은 없을 것이다. 비록 바보, 무식한 사람, 비도덕적인 사람들이 자신들의 운명에 더욱 만족한다 하더라도, 지능을 가진 인간 중에 바보가 되고자, 교육을 받은 사람이 무식한 사람이 되고자, 감정과 양심이 있는 사람이 이기적이고 저급한 사람이 되고자 하지 않을 것이다. 그들은 바보 등과 공통으로 가진 모든 욕망의 완전한 만족을 위해서, 바보가 자신이 가진 것을 포기하지 않는 것보다도 훨씬 더 자신들이 가진 것을 포기하지 않을 것이다. 만일 그들이 그럴 것이라 상상한다면 자신들이 보기에 바람직하지 않은 운명이라도 바꾸고자 할 만큼 그들의 운명이 극심한 불행에 처했을 때뿐이다. 하등능력을 가진 존재들보다 고등능력을 가진 존재가 행복하기 위해서는 보다 많은 것이 필요하고, 그런 존재는 보다 많은 영역에서 심한 고통을 받을 수 있다. 하지만 이런 약점에도 불구하고, 그는 자신이 판단하기에 저급한 존재가 되는 것을 바라지 않는다. 우리는 우리의 이런 의지에 대해서 우리가 좋아하는 여러 가지 설명을 할 수 있을 것이다. 우리는 그것을 인류가 느낄 수 있는 감정 중에서 가장 존경할 만하기도 하지만, 동시에 가장 존경하지 않을 만한 감정들에 무차별적으로 적용되는 자부심이라는 감정에 결부시킬 수 있다. 우리는 그것을 스토아학파처럼 자유와 개인적 독립에 관한 사랑에 결부시킬 수도 있다. 스토아학파에 있어서 자유와 개인적 독립에 대한 호소는 그런 것들을 배양하기 위한 가장 기본적인 수단들 중 하나였는데, 힘에 대한 사랑 혹은 흥분에 대한 사랑은 그런 수단들에 포함된다. 그러나 그런 의지에 대한 가장 적절한 이름은 존엄감(sense of dignity)이다. 모든 사람들은 어떤 방식으로든 존엄감을 가지고 있고, 일반적으로 그들의 고급능력에 비례해서 존엄감을 가지고 있다. 존엄감이 강한 사람들에게 있어서 존엄감은 행복의 본질적인 부분이라서 존엄감과 상충하는 것은 일시적이라면 몰라도 그들이 진정으로 바라는 대상이 되지 못한다. 그런데 이렇게 존엄감을 선호하는 것이 행복을 희생하는 것이라고 생각하는 사람들은--상위의 존재가 동등한 상황에서 하위의 존재보다 더 행복하지는 않다는 생각을 하는 사람들은 '행복'과 '만족'이라는 두 가지 개념을 구별하지 못하는 것이다. 저급한 쾌락을 즐길 수 있는 능력을 가진 하위의 존재가 그런 능력을 만족시킬 기회가 가장 많다는 것과, 고급한 쾌락을 즐길 수 있는 능력을 가진 상위의 존재가 그가 바라는 어떤 행복도 언제나 불완전하다고 느낄 것이라는 데에 대해서는 논란의 여지가 없다. 그러나 그는 그런 불완전함을 참을 만하다면 참는 것을 배울 수 있다. 그런 불완전함은 그로 하여금 그런 불완전함이 제한하는 가치를 전혀 느끼지 못하기 때문에 그런 불완전함을 의식조차 못하는 존재를 부러워하게 만들 수 없다. 만족한 돼지가 되는 것보다 만족하지 못한 인간이 되는 것이 더 나으며, 만족한 바보가 되는 것보다 만족하지 못한 소크라테스가 되는 것이 더 낫다. 만일 바보나 돼지가 다른 생각을 가지고 있다면 그 이유는 그들이 그 질문에 대해서 오직 자기들의 측면만을 알고 있기 때문이다. 그 비교의 다른 쪽인 인간과 소크라테스는 양쪽을 모두 안다.

더 고급한 쾌락을 가질 수 있는 사람들이 때로는 유혹을 이기지 못하고 더 저급한 쾌락을 위해 그런 고급한 쾌락을 희생할 수 있다는 반론이 있을 수 있다. 그러나 이것은 더 고급한 쾌락의 내재적 우월성을 인정하는 것과 양립할 수 있다. 사람들은 종종 성격의 나약함으로 인해 보다 쉽게 얻을 수 있는 선의 가치가 적다는 것을 알지만 그런 선을 선택한다.[16] 이런 경우는 육체적인 쾌락과 정신적 쾌락 사이의 선택에서뿐만 아니라, 육체의 두 가지 쾌락 사이의 선택에서도 동등하게 일어난다. 그들은 비록 건강이 감각적인 쾌락보다 더 중요한 가치라는 것을 확실히 알면서도, 건강을 해치면서까지 감각적인 쾌락을 추구한다. 청춘의 열정을 가지고 고귀한 모든 것을 시작했던 많은 사람들이 세월이 흘러감에 따라, 게으르고 이기적인 사람으로 타락한다는 반론도 있을 수 있다. 그러나 나는 이런 아주 통상적인 변화를 겪는 사람들이 자발적으로 고급한 쾌락이 아니라 저급한 쾌락을 선택한다고 믿지 않는다. 나는 그들이 저급한 쾌락만을 추구하기 전에 이미 고급한 쾌락을 향유할 수 없게 되었다고 믿는다. 보다 고귀한 감정을 위한 능력은 대부분의 사람들에게 있어서 아주 약한 식물 같아서 적대적 영향에 의해서뿐만 아니라 잘 돌보아 주지 않으면 쉽게 시들고 만다. 그리고 대부분의 젊은이들에게서 있어서, 그들이 속한 사회가 그런 고급 능력을 사용하는데 호의적이지 않다면 빨리 시들고 만다. 사람들은 그들의 지적인 취미를 잃으면서 그들의 높은 희망도 잃어버리는데 그 이유는 그들이 그것들을 즐길 시간이나 기회가 없기 때문이다. 그들은 저급한 쾌락에 중독되게 되는데 그들이 의도적으로 그런 쾌락을 선호해서가 아니라 그런 쾌락이 그들이 접근할 수 있는 유일한 것이거나 그들이 아직도 즐길 수 있는 능력을 가진 유일한 쾌락이기 때문이다.[17] 비록 모든 세대에 있어서 많은 사람들이 양쪽의 쾌락을 결합하려다 실패해 왔지만, 나는 양쪽의 쾌락을 즐길 수 있는 능력을 가진 사람들 중에서 본인이 알고서 그리고 평온한 상태에서 저급한 쾌락을 선호한다고는 믿지 않는다.

16 서양철학에서 이 문제는 전통적으로 의지의 나약함이라 불린다. 이에 대한 고전적인 논의는 아리스토텔레스의 『니코마코스 윤리학』을 참조하라.

17 밀은 당시의 노동자들처럼 사회적으로 열악한 상태에 놓인 사람들을 염두에 두고 있다.

나는 이런 유능한 심판자의 판결 외에 다른 판정의 방법은 없다고 주장한다. 두 가지 가치가 있다고 할 때, 두 가지 가치 중에서 더 가치가 있는 쾌락이 무엇인가 하는 질문, 혹은 두 가지 존재방식 중에서 인간의 감정에 가장 합당한 존재방식이 무엇인가 하는 질문에 관해서, 그것의 도덕적 속성과 그 결과를 차치하고, 양쪽을 모두 아는 사람들의 판단,

혹은 만일 그들의 의견이 일치하지 않는다면, 그들 중 다수의 판단이 최종적인 것으로 인정되어야 한다. 쾌락의 질에 관해서 이 판단을 받아들이는데 주저할 필요가 없는데, 쾌락의 양에 관한 질문에서도 다른 재판정이 없기 때문이다. 두 가지 고통 중에서 어떤 고통이 더 심한 것인지, 그리고 두 개의 즐거운 감각 중에서 어느 것이 더 강렬한 것인지를 결정하는 데 있어서 그 두 가지를 잘 경험한 사람들의 판정 외에 다른 무슨 수단이 있겠는가? 고통이나 쾌락은 동질적이지 않고 언제나 이질적이다. 어떤 특정한 쾌락이 어떤 특정한 고통을 대가로 해서 얻을 가치가 있는지를 결정하는 데 있어서, 그것을 경험한 사람들의 감정과 판단 외에 무엇이 있겠는가? 따라서 그런 사람들의 감정과 판단이, 고등능력으로부터 도출된 쾌락이 그 강도를 떠나 그 종류에 있어서 하등능력을 가진 동물적인 본성이 누릴 수 있는 쾌락보다 더 낫다고 한다면, 그런 감정과 판단은 이 문제에 관해서도 동일하게 존중되어야 한다.

나는 지금까지 이 점을 인간행위의 지도규칙인 공리주의의 기준에 대한 완전하고 적절한 개념의 한 부분으로서 논의해 왔다. 그러나 이것이 공리주의의 기준을 받아들이는 데 있어서 필수불가결한 조건은 결코 아니다. 왜냐하면 공리주의의 기준은 행위자 자신의 최대의 행복이 아니라 모든 사람들의 행복의 최대량이기 때문이다. 그리고 고귀한 성격을 가진 사람이 그 고귀한 성격으로 인해 언제나 더 행복할 것이라는 것을 의심할 수는 있어도, 그런 고귀한 성격이 다른 사람들을 보다 행복하게 그리고 세계에 엄청난 혜택을 주리라는 것에 대해서는 의심의 여지가 없다. 따라서 각 개인은 다른 사람들의 고귀함에 의해서 혜택을 받기 때문에 공리주의의 목적은 사람들의 성격의 고귀함을 일반적으로 배양함으로써만 성취될 수 있다.

위에서 설명한 바와 같이 최대행복의 원리에 따르자면 바람직한 궁극적인 목적은 우리가 우리 자신의 선을 고려하든 다른 사람들의 선을 고려하든 가능한 한 고통으로부터 해방되고 양적인 면과 질적인 면에서 가능한 한 풍부한 쾌락을 누리는 존재방식이다. 쾌락의 질을 판정하는 테스트와 쾌락의 양에 대해서 그 질을 측정하는 원칙은 그런 쾌락을 경험할 수 있는 기회를 가진데다 자기의식과 자기관찰의 습관이 가해져서 비교의 수단을 가장 잘 가지고 있는 사람들이 느끼는 선호이다. 공리주의에 의하면 인간행동의 목적인 이것이 또한 필연적으로 도덕의 기준이고 이런 도덕의 규칙은 '인간행위를 위한 규칙과 원리들'이라고 정의될 수 있을 것인데, 이런 규칙과 원리들의 준수를 통해 지금까지 기술해 왔던 존재방식이 가능한 한 최대한 모든 인류에게 보장될 수 있을 것이고 인류에게뿐만 아니라 사물의 본성이 허용하는 한에서 고통과 쾌락을 느낄 수 있는 모든 존재들(동물들을 포함한 '유정적sentient' 존재들)에게까지 보장될 수 있을 것이다.

그러나 이런 공리주의 이론에 반대해서 어떤 형태의 행복이든 인생과 인간 행위의 이성적 목적이 될 수 없다고 말하는 비판자들이 있다. 이런 비판자들에 의하면 행복이 인간의 이성적 목적이 될 수 없는 첫 번째 이유는 인간은 행복을 얻을 수 없기 때문인데 그들은 경멸하는 투로 우리 인간들이 행복해 질 권리를 가지고 있는가하고 묻는다. 카알라일은 이 질문에 "조금 전에 당신은 지금 존재할 권리를 가지고 있었는가?" 하는 질문을 부가함으로써 이런 질문의 힘을 강화하려 한다. 그리고 두 번째 이유는 사람들은 행복 없이도 살 수 있다는 것인데, 모든 고귀한 사람들이 그렇게 생각해 왔고 만일 이런 고귀한 사람들이 행복을 포기하는 교훈을 배우지 않았다면 고귀해 질 수 없었을 것이고, 행복을 포기하는 교훈을 완전히 배우고 충실하게 따르는 것이 모든 미덕의 시작이고 필요조건이라고 그들은 확신을 가지고 주장한다.[18]

18 토마스 카알라일(Thomas Carlyle, 1795-1881)은 스코트랜드 출신의 급진적인 사회비평가이다. 밀은 카알라일의 낭만

주의에 크게 영향을 받았지만, 밀이 자신의 견해를 따르지 않는다는 것을 카알라일이 깨닫기 시작하면서 그들의 관계는 소원해졌다. 밀의 『공리주의』는 카알라일과 다른 사람들의 공리주의 비판에 대한 응답이라고 이해될 수도 있다.

이들 비판 중 첫 번째 비판은 만일 그것이 잘 정초된 것이라면 문제의 핵심을 건드리는 것이다. 왜냐하면 만일 인간이 어떤 행복도 누릴 수 없다면, 행복을 누리는 것이 도덕이나 어떤 이성적 행위의 목적이 될 수 없기 때문이다. 그러나 비록 그렇다 하더라도 공리주의는 아직 할 말이 있을 터인데 공리주의는 행복의 추구뿐만 아니라 불행의 방지나 완화를 추구하는 것도 포함하기 때문이다. 만일 행복을 추구하는 것이 비현실적인 것이라 하더라도, 인류가 생존하는 것이 최소한 바람직하다고 생각하고, 노발리스(Novalis)가 권하는 대로 인류가 동시자살이라는 피난처를 찾지 않는 한, 인류의 불행을 방지하고 완화시킬 수 있는 보다 넓은 영역과 보다 절실한 필요가 있을 것이다.[19] 그러나 인간의 삶이 행복해지는 게 불가능하다는 주장이 적극적인 주장이라면 그 주장은 비록 말장난이 아니라 해도 최소한 과장이라 할 수 있다. 만일 행복이라는 말로 아주 즐거운 흥분상태의 지속을 의미하는 것이라면 그것이 불가능하다는 것은 명백하다. 고양된 즐거움의 상태는 짧은 순간만 지속될 뿐이거나, 어떤 경우에는 약간의 휴지기를 거치며 여러 시간 혹은 여러 날 지속된다. 그런 고양된 즐거움은 때때로 일어나는 기쁨의 밝은 섬광이지, 영구적이고 지속적인 불꽃은 아니다. 인생의 목적이 행복이라고 가르치는 철학자들도 그들을 비웃는 사람들만큼이나 그것을 충분히 잘 알고 있다. 그들이 의미하는 행복은 황홀함으로 가득 찬 인생이 아니고 수동적인 것보다 능동적인 것이 훨씬 많고, 인생이 줄 수 있는 것보다 많은 것을 기대하지 않으면서, 적고 일시적인 고통과 많고 다양한 쾌락으로 이루어진 삶이다.[20] 그렇게 이루어진 행복은 그것을 얻을 만큼 운이 좋았던 사람들에게 언제나 행복이라는 이름에 걸맞는 것으로 인정되어 왔다. 그런 행복을 대부분의 사람들이 얻는 데 있어서 유일한 장애물은 현재의 잘못된 교육과 사회질서이다.

19 노발리스는 독일의 초기 낭만주의자인 Friedrich Leopold Freiherr von Hardenberg의 필명이다. 밀은 노발리스의 저작을 카알라일의 서평을 통해 알게 되었다.

20 능동적인 쾌락은 달리기 같은 육체적인 쾌락과 철학적 논증이나 정치적 참여 같은 정신적인 쾌락을 모두 포함한다. 수동적 쾌락은 포만감의 쾌락같은 '유기체적' 쾌락이나 사랑과 같은 감정적 쾌락을 포함한다. 밀은 여기서도 아리스토텔레스의 영향을 받고 있다. 『니코마코스 윤리학』(1098b 31-1099a7).

공리주의의 비판자들은 어쩌면 사람들이 행복을 인생의 목적으로 생각하게 되면, 행복의 적은 양에 만족하지 않을 것이라고 의심하는지도 모른다. 그러나 인류의 많은 사람들은 그 보다 더 적은 행복으로도 만족해 왔다. 만족스러운 인생의 주요한 구성요소는 안정과 흥분 두 가지인 것으로 보이는데, 사실 그 중 하나만으로도 종종 행복을 위해서 충분한 것으로 보인다. 마음의 평화가 충분할 때 많은 사람들은 아주 적은 쾌락만으로도 충분히 만족할 수 있다고 느낀다. 흥분을 충분히 느끼는 경우 많은 사람들은 상당한 양의 고통을 감내할 수 있다. 확실히 인류 중 많은 사람들에게 있어서 이 양자를 결합시키는 것이 내재적으로 불가능하지 않다는 것이 확실한데, 이 두 가지는 완전히 양립가능하고 자연적인 동맹관계에 있어서 한 상태가 지속되는 것은 다른 상태를 위한 준비가 되거나 다른 상태에 대한 욕구를 일으킨다. 오직 나태가 부덕에 이를 만큼 심한 사람들만이 안정을 한 동안 누린 이후에도 흥분을 원하지 않는다. 오직 흥분의 필요가 병이 되는 사람들만이 흥분 이후의 안정을 그 이전의 흥분에 비해서 즐거운 것으로 느끼지 않고 지루하고 맥 빠진 것으로 여긴다. 외적인 면에서 어느 정도 운이 좋은 사람들이 인생에서 자신들의 삶을 가치있게 만드는 충분한 즐거움을 찾지 못한다면, 그 원인은 일반적으로 그들이 자신 외에 아무에게도 관심을 가지지 않기 때문이다. 공적인 관심이나 사적인 관심 중 어느 것도 갖지 않은 사람들에게 인생의 즐거움은 많이 줄어들고, 어떤 경우든 모든 이기적 관심이 끝나는 죽음에 가까워질수록 그 가치 면에서 줄어든다. 그러나 자신들이 죽은 이후에도 애정과 관심을 가지는 사람들, 특히 인류의 집단적 이익을 염두에 두고 인류에 대한 동포애를 배양한 사람들은 죽기 전날에조차 젊고 건강했던 시절처럼 삶에 대해 생생한 관심을 가진다.[21] 이기심 다음으로 인생을 불만족스럽게 하는 주된 원인은 정신계발을 하지 않는 것이다. 계발된 정신- 나는 철학자의 계발된 정신이 아니라 지식의 샘이 열리고 그런 정신의 기능을 어느 정도 이상으로 사용하도록 교육을 받은 사람들의 정신을 의미하는데-은 자연물, 예술 작품, 시의 상상력, 역사적 사건, 인류의 과거와 미래의 존재방식 그리고 그들의 미래 등 모든 것들에서 고갈되지 않는 흥미의 원천을 발견한다. 물론 이 모든 것들에 무관심한 것도 가능하며 이런 것들의 천분의 일도 소진하지 않으면서 무관심한 것도 가능한데, 그런 경우는 오직 사람이 처음부터 이런 것들에 대해 도덕적 혹은 인간적 관심이 없고, 그것들에서 단지 호기심의 충족만을 추구해왔기 때문이다.

21 밀에 의하면 벤담은 죽기 전날 까지도 어떻게 하면 인류사회를 보다 좋게 만들 수 있는가에 관심을 가졌다고 한다.

이런 관조의 대상들에 대해서 지성적인 이해를 가지기에 충분한 양의 정신적 문화가 문명국가에 태어난 모든 사람들의 유산이 되지 못할 까

닭이 없다. 그와 마찬가지로 어떤 사람이 다른 사람들에게는 어떤 감정이나 관심도 없고 오직 자기 자신에게만 관심을 갖는 이기적 개인주의자가 되어야 할 내적인 필연성도 없다. 이보다 훨씬 우월한 것들이 지금도 드문 것이 아니어서, 인류가 앞으로 어떻게 될 수 있을 것인지에 대한 충분한 비전을 제시한다. 진정한 개인적 애정과 공공선에 대한 진지한 관심은 비록 정도는 다르겠지만 잘 자라난 모든 사람들에게 가능하다. 이 세상에는 관심을 가질 것과 즐길 것이 그리고 고치고 향상시킬 것이 너무 많아서 어느 정도의 도덕적이고 지적인 능력을 가진 사람이라면 누구나 부러워할만한 인생을 살 수가 있다. 그리고 그런 사람이 악법이나 다른 사람들의 의지에 의해서 그 자신의 정당한 영역 내에 있는 행복의 원천을 사용할 수 있는 자유를 금지 당하지만 않는다면, 그리고 그가 빈곤, 질병, 불친절, 무가치하다는 느낌이나 애정의 대상을 일찍 잃는 인생의 심각한 불운들을 당하지 않는다면, 그가 이런 부러워할 만한 삶을 사는데 실패하지 않을 것이다. 따라서 이 문제에 대해 중요하게 강조할 점은 완전히 피하기 어려운 이런 재앙들을 극복하는 경쟁에 관해서이다. 지금 현재 이런 재앙은 완전히 피할 수도 없고 어떤 경우에는 실질적인 정도로 완화시키기도 어렵다. 하지만 잠시라도 고려할 만한 가치를 지닌 의견을 가진 사람들은 누구라도 세상의 큰 악들 중 대부분의 것들을 없앨 수 있고, 만일 인간사가 계속적으로 향상된다면, 결국에는 그런 악들을 아주 많이 감소시킬 수 있을 것임을 의심하지 않을 것이다.[22] 어떤 의미에서도 고통을 수반하는 빈곤은 개인의 양식과 합리적 타산(prudence)과 함께, 사회의 지혜에 의해서 완전히 없앨 수 있을 것이다. 가장 다루기 힘든 적인 질병도 훌륭한 건강교육과 도덕교육, 그리고 해로운 영향에 대한 적절한 통제를 통해서 그 규모에 있어서 계속적으로 줄여갈 수 있을 것이며, 그리고 과학의 발전을 통해 미래에는 직접적으로 정복할 수 있을 것이다. 그런 방향으로의 진보는 우리의 생명뿐만 아니라, 우리가 가진 보다 큰 걱정거리인 우리가 사랑하는 사람들의 생명을 단축시키는 기회를 감소시킬 것이다.[23] 행운과 불운의 부침과 세상형편과 관련되어 있는 다른 여러 가지 문제들은 주로 개인적으로 사려 깊지 않은 행동들, 잘 통제되지 않은 욕망, 혹은 악하거나 불완전한 사회제도들의 결과들이다. 간략히 말하자면 인간 고통의 모든 중요한 원인들은 인간의 관심과 노력에 의해서 상당한 정도로 그리고 그 중 많은 것들은 거의 전적으로 극복될 수 있다. 비록 그런 것들의 극복이 슬프게도 느리게 진행되고 있고, 그런 정복이 완성되기 전에, 즉 사람들이 이 세상을 개선할 의지와 지식이 부족하지 않았더라면 쉽게 실현되었을 그런 세상이 되기 전에 많은 세대들이 그런 극복의 과정에서 사라지겠지만, 그런 극복의 과정에서 아무리 작고 눈에 띠지 않을지라도 그 중한 부분을 맡을 정도로 충분히 지적이고 관대한 사람이라면 그런 정복의 과정 자체에서 고귀한 즐거움을 이끌어낼 것이고, 어떤 형태의 이기적인 탐닉을 위해서도 그런 즐거움을 포기하지 않을 것이다.

22 밀은 인간사가 진보할 것이라고 생각했는데, 그는 인간성의 일반적 경향은 보다 좋고 행복한 상태를 향해 진보하는 것이라고 믿었다. 진보에 대한 이런 믿음은 19세기 사상 대부분의 특징이다.

23 여기서 밀은 자신의 부인인 해리엣 테일러(Harriet Taylor)의 죽음을 염두에 두고 있는 듯이 보이는데, 밀은 자신의 부인이 죽은 후에 개인적인 행복을 잃었다고 말하고 있다.

지금까지 논의를 바탕으로 해서, 이제 우리는 행복 없이 사는 것을 배우는 것의 가능성과 의무에 관한 비판자들의 주장을 적절하게 평가할 수 있을 것이다. 사람들이 행복 없이 살 수 있다는 데에 대해서는 의문의 여지가 없다. 지금 우리가 사는 세상의 가장 문명화된 지역에서도 20

명 중 19명의 사람들은 원하지 않지만 그렇게 살고 있다. 그리고 영웅이나 순교자들은 자신들의 행복보다도 더 가치있게 여기는 무엇인가를 위해서 자발적으로 종종 그렇게 한다. 하지만 이런 희생이 다른 사람들의 행복이나 행복을 위한 전제조건이 아니라면 무엇이란 말인가? 자기 자신의 행복의 몫이나 그것을 위한 기회를 포기할 수 있다는 것은 고귀하다. 그러나 이런 자기희생은 자기희생 자체를 위한 것은 아니다. 그리고 만일 그 목적이 행복이 아니라 행복보다 더 좋은 덕이라고 한다면, 만일 영웅이나 순교자가 자신의 희생이 다른 사람들도 비슷한 희생을 당하지 않도록 하기 위해서 하는 것이 아니라면, 그들이 그런 희생을 할런지 나에게는 의심스럽다. 만일 그가 자신의 행복을 포기하는 것이 인간동포 중 어느 누구를 위해서 어떤 결실도 맺지 못하고, 그들의 운명도 자신의 운명과 같이 만들고, 그들의 삶의 조건도 자신의 조건과 같도록 만든다면 그가 그런 자기희생을 하겠는가? 세상의 행복의 양을 증가시키는데 가치있는 공헌을 하기 위해서 자기자신의 행복을 포기하는 사람들에게 모든 영예가 돌아가야 한다. 그러나 그 외의 목적을 위해 자신의 행복을 포기하는 사람들은 초기 기독교 역사에서 돌기둥 위에 올라가 수행하는 금욕주의자들보다 더 존경 받을만한 것은 아니다.[24] 그런 사람은 사람이 무엇을 할 수 있을지에 대한 열정적인 증명일수는 있겠지만, 사람이 무엇을 해야 하는지에 대한 모범이 될 수 없다.

24 밀이 염두에 두고 있는 것은 성 시메온 스틸리테스 (St. Simeon Stylites, 390-459)로 그는 높이가 20미터에 달하는 돌기둥 위에서 거의 40년간을 수행했다.

어떤 사람이 자신의 행복을 완전히 포기함으로써만 다른 사람들의 행복을 가장 잘 증진할 수 있는 경우는 오직 세상의 질서나 체제가 불완전한 상태에 있을 때인데, 그렇지만 세상이 그렇게 불완전한 상태에 있는 한 나는 기꺼이 그런 희생을 하는 태도가 인간에게서 발견될 수 있는 최고의 가치라는 것을 인정한다. 그리고 비록 내 주장이 역설적으로 들리겠지만, 나는 그런 세계의 상태에서는 의식적으로 행복을 포기하고 살아갈 수 있는 능력이 그 세계에서 가능한 행복을 얻을 수 있는 최선의 방법이라는 것을 인정한다. 오직 그런 의식만이 사람으로 하여금 최악의 운명과 불운도 자신을 굴복시킬 수 없다고 느끼게 함으로써, 사람들이 인생의 우연을 넘어서도록 고양시킬 수 있다. 그런 생각을 가진 사람은 인생에 일어날 수 있는 악에 대해 지나치게 근심하지 않으면서, 로마제국의 가장 어려운 시대에 살았던 많은 스토아주의자들처럼 그에게 가능한 만족의 원천이 얼마나 지속될지 언제 끝이 날지 등에 대해서 걱정하지 않으면서 평화 속에서 자신의 행복의 원천을 배양할 것이다.[25]

25 스토아주의자들은 모든 일은 신의 섭리에 의해 일어나며 따라서 사람들은 고통이나 비극적인 일들도 평온하게 받아들여야 한다고 주장했다. 로마 시대에 스토아주의자들은 여러 황제들에 반항해서 추방되거나 죽음을 당했다.

그런데 스토아주의자나 초월주의자들이 자기헌신(혹은 자기희생)을 자신들의 도덕의 불가결한 일부라고 주장하는 것처럼 공리주의자들도 그럴 수 있다.[26] 공리주의는 인간이 타인의 행복을 위해서 자기 자신의 행복을 희생할 수 있다는 것을 인정한다. 공리주의가 부정하는 것은 단지 그런 희생 자체가 좋다는 것이다. 공리주의는 전체행복의 총량을 증가시키거나 그런 경향이 없는 희생은 낭비된 희생이라고 본다. 공리주의가 찬양하는 유일한 자기희생은 인류 전체나 인류 전체의 집합적 이익의 한계 내에서 개인들의 행복이나 행복을 위한 수단을 확보하는데 기여하는 자기희생이다.

26 일반적으로 초월주의는 칸트의 철학을 가리키지만, 여기서 밀은 감각경험을 초월하는 진리를 믿는 직관주의자들을 가리키고 있다. 밀이 특히 염두에 두고 있는 직관주의자들은 칸트의 초월주의적 논증을 받아들이는 휴웰같은 직관주의자들이다.

공리주의의 비판자들은 공리주의에서 행위의 옳음의 기준이 행위자 자신의 행복이 아니라 그 행동에 의해서 영향을 받는 모든 사람들의 행복이라는 것을 인정하는 데 인색한데, 나는 이 점이 공리주의의 핵심이라는 것을 다시 강조한다. 공리주의는 행위자 자신의 행복과 다른 사람들의 행복 사이에서, 공평무사하고(disinterested) 자비로운 관찰자(observer)처럼 엄격하게 불편부당할 것을 요구한다.[27] 나자렛 예수의 황금률에서 우리는 완전한 공리주의 도덕의 정신을 읽을 수 있다. “네가 대접받기 바라는 대로 남을 대접하라”, 그리고 “네 이웃을 네 자신처럼 사랑하라”는 예수의 가르침은 공리주의 도덕의 완전한 이상을 표현한다고 할 수 있다. 이런 이상에 가장 가깝게 도달하기 위한 수단으로써, 공리주의는 다음과 같은 것들을 요구한다. 첫째, 법과 사회제도는 모든 개인들의 행복 혹은 보다 현실적으로 말하자면 모든 개인들의 이익을 사회 전체의 이익과 가능한 한 완전하게 조화롭게 되도록 해야 한다. 둘째, 교육과 사회여론은 인간의 성격에 엄청난 영향력을 미치기 때문에, 교육과 사회여론은 그 힘을 각 개인의 마음 속에 자신의 행복과 전체의 행복, 특히 그 자신의 행복과 진체의 행복, 특히 그 자신의 행복에 대한 관심이 지시하는 행동방식과 보편적 행복에 대한 관심이 지시하는 행위 방식 사이에 분리될 수 없는 연상관계(association)를 확립하는 데 사용되어서, 일반적 행복에 반하는 개인의 행동과 개인의 행복이 불가능하다고 생각하도록 해야 할 뿐 아니라, 일반적 행복을 증진하려는 직접적인 충동이 각 개인이 행위할 때 습관적인 동기들 중 하나가 되고, 그와 관련된 감정들이 모든 인간의 의식에서 폭 넓고 중요한 위치를 차지하도록 해야 할 것이다. 만일 공리주의의 비판자들이 공리주의의 이런 진정한 성격을 이해한다면, 나는 비판자들이 다른 도덕에서 추천하는 것들 중 공리주의가 어떤 것을 결여하고 있는지, 그리고 다른 도덕이 공리주의보다 더 아름답고 더 고양된 어떤 인간본성의 발전을 배양할 수 있는지, 혹은 그런 도덕이 그들의 도덕명령을 실효화하기 위해 의존하는 어떤 행위의 근원을 공리주의가 이용할 수 없는지 모르겠다.

27 아담 스미스는 그의 저서 『도덕감정론』에서 스토아주의와 데이비드 흄, 프랜시스 허치슨의 이론에 기초해서 도덕적 관점을 공정한 관망자의 관점을 통해 구체화하는 이론을 전개하였다.

공리주의의 비판자들이 공리주의를 언제나 비호의적으로만 묘사한다고 비판될 수는 없다. 오히려 반대로 공리주의의 공평무사(disinterested)한 특성을 정확히 이해하는 비판자들 중에는, 인간의 본성을 고려할 때 공리주의의 기준이 현실적으로 너무 높다고 비판한다. 즉 그들은 인간의 본성을 고려할 때, 공리주의가 사람들로 하여금 언제나 사회의 일반적인 이익을 증진하려는 동기를 가지고 행동해야 한다고 요구하는 것은 지나치게 과도한 요구를 하는 것이라고 주장한다. 그러나 이것은 도덕기준의 의미를 잘못 이해하는 것이고, 행동의 규칙과 그것을 위한 동기를 혼동하는 것이다. 윤리학의 임무는 우리의 의무가 무엇인지를 알려주거나, 어떤 테스트를 통해 그런 의무들을 판단할 수 있는지 알려주는 것이다. 그러나 어떤 도덕체계도 우리가 하는 모든 행동의 유일한 동기가 의무감이어야 한다고 요구하지 않는다. 오히려 우리들의 행동 중 백분의 구십구는 의무감이 아닌 다른 동기를 가지고 행하는 것이고, 만일 의무의 규칙들이 그런 행동을 잘못된 것이라 하지 않는다면 그것이 올바른 것이다. 공리주의에 의하면 동기는 행위자의 가치를 평가하는 데 관련되지만 행위의 도덕성을 평가하는 데에는 무관하기 때문에, 공리주의에 대한 이런 오해가 공리주의에 대한 비판의 근거로 사용된다는 것은 공리주의에 대해 공정하지 않은 것이다. 익사하려던 사람을 구한 사람은 그의 동기가 의무감이건 보상을 받기 위한 것이든 도덕적으로 올바른 일을 행한 것이다. 어떤 친구가 자신이 보다 강한 의무를 가지고 있는 친구를 위해서 자신을 신뢰하는 다른 친구를 배신했다면, 비록 그의 동기가 보다 강한 의무를 준수하기 위해서였다 하더라도 그의 행동은 옳지 않은 행동이다.[28] 그런데 공리주의가 도덕행위자들로 하여금 언제나 세계 일반이나 사회 전체의 이익에 관심을 쏟아야 한다고 요구한다고 생각하는 것은 공리주의에 대한 오해이다. 대부분의 선한 행동은 세계나 사회의 이익이 아니라 개인의 행복을 위해 의도된 것이고, 세계나 사회의 행복은 이런 개인의 행복으로 이루어진다.[29] 가장 유덕한 사람의 생각은 이런 경우에 있어서 그의 행동과 관련된 특정한 사람들을 이롭게 하는 경우에, 그 행동에 의해서 그가 특정한 사람들이 다른 사람들의 권리들을, 즉 다른 사람들의 적법하고 권위있는 기대들을 위반하지 않는지를 확인하기 위해서 필요한 정도가 아니라면, 특정한 사람들을 넘어서서 더 일반적으로 생각할 필요가 없다. 공리주의 윤리에 의하면 행복을 증진하는 것이 덕의 목적이다. 그런데 천명에 한 명 정도의 예외를 빼고, 어떤 사람이 그렇게 대규모로 행복을 증진하는 것은, 다른 말로 해서 공적인 시혜자가 되는 것은 예외적인 경우이다. 이런 경우에만 그는 공적인 공리를 고려하도록 요청된다. 그 외의 경우에 그가 관심을 기울여야 할 것은 사적인 공리, 즉 몇몇 사람들의 이익이나 행복뿐이다. 자신의 행위의 영향력이 사회 일반까지 확대되는 사람들만이 늘 그런 넓은 대상에 관심을 기울일 필요가 있다. 성적 금욕 같은 금욕의 경우를 살펴보자면, 어떤 사람들은 도덕적인 고려 때문에 성적 금욕을 하는데, 그런 금욕의 결과가 비록 특정한 경우에는 사회에 혜택이 될 수 있지만, 만일 그런 금욕적 행동이 일반적으로 행해진다면 사회에 해가 되는 행동이 되고, 그것이 그런 금욕적 행동을 하지 않을 의무의 근거라는 것을 알지 못한다면 지성적인 행위자라 할 수 없다. 공리주의가 행위자로 하여금 얼마만큼 공익을 고려해야 하는지 요구하는 정도는 다른 도덕체계가 요구하는 것보다 더 강하지는 않을 터인데, 왜냐하면 모든 도덕체계는 사회에 명백하게 해로운 것은 하지 않도록 명하기 때문이다.

28 (저자주) 비판자인 존 데이비스 목사(John Llewellyn Davis, 1826-1916)는 지적으로 그리고 도덕적으로 공정하신 분인데, 이 구절을 비판하며 다음과 같이 말한다. "어떤 사람이 익사하는 것을 구하는 행동의 옳고 그름은 그 행동의 동기에 확실히 의존한다. 어떤 독재자가 자신으로부터 도망하기 위해 바다로 뛰어든 그의 적을 더 고문하기 위해 구했을 경우, 그런 행동을 도덕적으로 옳은 행동이라고 말하는 것이 적절한가? 또 윤리학에서 통상적으로 드는 예들 중 하나에 따라, 어떤 사람이 친구로부터 받은 신뢰에 부응해서 행동할 경우 그 친구나 그 친구와 관련된 다른 사람들에게 해를 끼치게 되기 때문에, 그 친구로부터 받은 신뢰를 배신한다면, 공리주의는 그 배신을 가장 나쁜 동기로부터 행해진 행동만큼이나 잘못된 일이라고 부르는 것을 허용하겠는가?"

나는 익사하려는 사람을 더 고문하기 위해 그 사람이 익사하는 것을 구한 사람을, 그 동기라는 면에서만 선행의 의무로부터 같은 일을 한 사람과 다르다고 보지 않고, 그 행동 자체가 다르다고 주장한다. 우리가 논하는 상황에서 사람을 구한 것은 원래 그 사람이 익사하도록 내버려두는 것보다 훨씬 더 잔혹한 행위를 위해 필요한 첫 번째 단계이다. 만일 데이비스 목사가 "어떤 사람이 익사하는 것을 구하는 행동의 옳고 그름은 확실히 그 행동의 동기가 아니라 의도에 아주 많이 의존한다"고 말했다면 어떤 공리주의자도 그와 의견을 달리하지 않았을 것이다. 그러나 데이비스 목사는 충분한 주의를 기울이지 않아서, 이 경우에 동기와 의도라는 두 가지 개념을 혼동하고 있다. 공리주의 사상가들, 특히 벤담은 이 점을 설명하기 위해서 아주 많은 노력을 기울였다. 행위의 도덕성은 전적으로 의도— 즉 행위자가 하고자 의지한 것-에 달려 있다. 그러나 동기는 그로 하여금 그렇게 하게 의지하도록 만든 감정인데, 만일 그것이 행위에 있어서 차이를 초래하지 않는다면 도덕성에 있어서도 차이를 초래하지 않는다. 동기가 큰 차이를 초래하는 것은 우리가 행위자를 도덕적으로 평가할 때, 특히 그런 동기가 좋거나 나쁜 습관적인 성향— 유용하거나 해로운 행위들이 일어나기 쉬운 성격의 경향성— 을 지시할 때 더욱 더 그렇다.

29 밀은 사회나 어떤 그룹의 선은 그 성원들의 삶에 구현된 선으로 이루어진다는 의미에서 개인주의자라고 할 수 있다.

공리주의에 대한 또 다른 비판은 공리주의가 사람을 냉정하고 동정심 없게 만든다는 것이다. 즉 공리주의는 사람들의 도덕감정을 냉정하게 만들고, 행동의 결과만을 건조하고 엄격하게 고려하고, 그런 행동을 한 사람들의 성격을 도덕적인 관점에서 고려하지 않는다고 비판된다. 만일 이 비판의 의미가 공리주의자들이 어떤 행위에 대해서 판단을 할 때, 행위자의 성격에 관한 자신들의 판단이 그 행위의 도덕적 성격에 관한 판단에 영향을 주도록 해서는 안 된다는 것을 의미한다면, 이것은 공리주의에 대한 비판이 아니라 모든 기준이나 도덕에 대한 비판이다. 왜냐하면 어떤 도덕 이론도 어떤 행위의 옳고 그름을 판단할 때 그 행동을 좋은 사람이 했는지 나쁜 사람이 했는지에 따라서 결정하지 않을 뿐만 아니라, 그 행동을 사랑스러운 사람, 용감한 사람, 자비로운 사람 혹은 그 반대되는 사람들이 행했기 때문에 옳거나 그른 것으로 판단하지는 않기 때문이다. 이런 고려사항들은 행위에 대한 평가가 아니라 사람에 대한 평가에 관련된 것이다. 공리주의도 우리가 사람들의 행동의 옳고 그름 외에도 사람들의 다른 여러 가지 면들에 관심을 갖는 것을 허용한다. 스토아주의자들은 덕을 가진 사람은 덕 외에 아무 것을 가지고 있지 않아도 모든 것을 가지고 있고, 오직 그 만이 부자이며 아름답고 왕이라고 주장했는데, 이런 역설을 통해 그들은 덕 외의 다른 모든 것들에 대한 관심을 초월하고자 하였다. 그러나 스토아주의와 달리 공리주의는 유덕한 사람에 대해 이런 식으로 말 할 수 없다. 공리주의자들은 덕 외에도 가지기에 바람직한 다른 것들과 성질들이 있다는 것을 잘 알고 있으며 그 모든 것의 가치를 온전히 허용하려고 한다. 또한 공리주의자들은 어떤 사람이 옳은 행동을 했다고 해서 그 사람이 반드시 유덕한 성격을 가졌다고 판단하지 않고, 어떤 사람이 도덕적으로 비난 받을 행동을 했다고 해서 그가 반드시 나쁜 인격을 가진 사람이 아니라 그들 중에는 종종 찬양받을만한 인격을 가진 사람이 있다는 것을 인정한다. 이렇게 어떤 행위의 성격과 행위자의 성격의 차이가 특정한 경우에 명백할 때 공리주의자들은 행위에 대해서가 아니라 행위자에 대한 그들의 평가를 바꾼다. 그렇지만 공리주의자들은 장기적으로 보자면 어떤 사람이 좋은 인격을 가지고 있는지에 대한 최선의 증명은 좋은 행동이고, 어떤 사람의 정신적 성향이 나쁜 행위를 산출하는 경향을 주로 가진 경우 그의 정신적 성향은 나쁜 것이라 단호히 판단한다. 이런 단호함 때문에 공리주의자들이 많은 사람들에게 인기가 없지만, 이런 단호함은 공리주의자들뿐만 아니라 도덕을 심각하게 받아들이는 모든 사람들과 공유하는 것이기에 양심적인 공리주의자라면 이런 비판에 대해 걱정할 필요가 없다.

만일 위의 비판이 많은 공리주의자들은 행위의 옳고 그름의 중요성만을 배타적으로 강조하고, 행위자를 사랑하거나 찬양하게 만드는 인격의 중요성에 대해 충분하게 강조를 하지 않는다는 의미라면 그런 비판은 인정될 수 있다. 공리주의자들 중에서 도덕감정만을 배양하고 공감능력이나 예술적 감상능력을 배양하지 않은 사람들은 이런 잘못을 범할 것이다. 그러나 동일한 조건에서라면 공리주의 외의 다른 모든 도덕이론가들도 그럴 것이고, 따라서 공리주의자들도 다른 도덕이론가들이 제시할 수 있는 이유를 제시할 수 있다. 만일 우리가 실수를 저지르는 것을 피할 수 없다면, 공감능력이나 예술적 감상능력 등을 가지고 있지만 도덕감정이 없는 사람들을 배양하는 실수를 저지르는 것보다는, 그런 능력들을 가지고 있지 않더라도 도덕감정을 가지는 사람을 배양하는 실수를 저지르는 것이 낫다는 것이다. 사실상 다른 도덕 이론을 지지하는 사람들처럼 공리주의자들 사이에서도 그들의 기준을 적용함에 있어서 엄격함의 정도가 많이 다를 것이다. 어떤 공리주의자들의 경우에는 청교도적으로 엄격할 것이고 어떤 공리주의자들의 경우에는 죄인들이나 감상주의자들이 최대한으로 바랄 수 있을 만큼이나 느슨할 것이다. 그러나 전체적으로 볼 때 공리주의 이론은 부도덕한 행위를 방지하고 억제한다는 인류의 이익을 가장 중요시하기 때문에 비도덕적인 행동을 방지하고 억제하기 위해 사회적 여론의 힘을 사용하는데 있어서 다른 도덕이론들에 뒤지지 않을 것이다. 상이한 도덕기준을 주장하는 사람들 사이에 때로는 어떤 행동이 도덕법칙을 위반하는지에 대해 의견이 일치하지 않는다는 것이 사실이다. 그런데 공리주의가 도덕적 질문들에 대한 의견의 불일치를 세상에 도입한 것은 아니지만, 공리주의는 모든 경우에 있어서 언제나 쉽지는 않다 하더라도 그런 도덕적 의견의 불일치를 해결할 수 있는 이해가능하고 실질적인 방식을 제공한다.[30]

30 이것이 공리주의의 특별한 장점으로 꼽힌다. 물론 공리를 어떻게 계산할 것인가의 문제 때문에 이런 장점을 의심하는 경우도 있다. 하지만 공리를 계산하는 것이 가능하다고 할 때, 공리주의는 도덕적 문제에 대해 결정적인 답변을 제공할 수 있다.

공리주의 도덕에 대한 통상적인 오해들 중 몇 가지, 특히 그 중에서도 너무나 명백하고 심각해서 정직하고 지성적인 사람들은 할 수 없는 오해들에 관해서는 더 이상 논의할 필요가 없을 것이다. 그 이유는 상당한 정신적 재능을 가진 사람들조차도 자신들이 편견을 가지고 있는 견해의 의미를 이해하기 위하여 거의 노력을 하지 않고, 그리고 사람들은 일반적으로 이런 자발적인 무지를 결점으로 생각하지 않기 때문에 고상한 원리와 깊은 철학을 가졌다는 명성을 가지고 있는 사람들의 심사숙고된 글에서도 윤리학 이론들에 대해 아주 기본적인 오해가 언제나 들어 있을 수 있기 때문이다. 이를테면 공리주의가 무신론적 이론이라고 비판받는 것은 흔한 일이다. 그런데 만일 우리가 공리주의가 무신론적 이론이라는 비판에 대해서 응답할 필요가 있다면, 우리가 이 비판을 어떻게 이해하는 가는 우리가 신의 도덕적 성격에 대해 어떤 생각을 가지고 있는가에 달려있다고 할 수 있다. 만일 신이 무엇보다도 자신의 피조물들의 행복을 원하고, 그것이 그의 창조의 목적이라면 공리주의는 무신론적 이론이 아닐 뿐만 아니라, 다른 어떤 이론보다 더 종교적이라 할 수 있다. 만일 그 비판이 공리주의가 신의 계시된 의지를 도덕의 최고법칙으로 인정하지 않는다는 의미라면, 나는 신이 완전히 선하시고 지혜롭다고 믿는 공리주의자들은 신이 도덕에 관해 계시하는 것이 합당하다고 생각되는 모든 것들이 공리주의의 요구를 가장 높은 정도로 충족시켜야 하는 것이라고 믿는다고 생각한다.[31] 공리주의자들 외에 다른 사람들도 기독교의 계시는 사람들에게 구체적으로 무엇이 옳은 지를 말해주는 것이 아니라 사람들로 하여금 스스로 무엇이 옳은 것인지를 찾게 하고, 그것을 찾았을 때 사람들의 마음과 가슴에 그것을 하고 싶어 하는 정신을 채우고자 의도된 것이고 그런 역할에만 적합하며, 따라서 우리에게는 신의 의지를 해석해 줄 수 있는 윤리학의 이론이 필요하다는 의견을 가지고 있다. 이 의견이 옳은지 그른지를 논의할 필요는 없는데, 왜냐하면 다른 도덕이론가들처럼 공리주의자들도 자연종교이건 계시종교이건 종교가 윤리적 탐구에 줄 수 있는 도움을 받을 수 있기 때문이다.[32] 다른 도덕이론가들이 그런 도움을 초월적인 법칙이 공리나 행복과 관계없다는 것을 제시하는 것으로 사용할 권리를 가지는 만큼, 공리주의자들도 어떤 주어진 행위의 유용성이나 해악에 대한 신의 증언으로 사용할 수 있는 권리가 있다.

31 이런 종류의 공리주자들을 신학적 공리주의자들이라고 하는데 가장 유명한 이론가는 윌리엄 페일리(William Paley, 1743-850)이다.

32 자연종교란 인간의 이성이 도달할 수 있는 진리에 기초한 종교이고, 계시종교는 인간의 이성이 아니라 신이 계시한 진리에 기반한 종교이다.

또 다시 비판가들은 편의(expediency)와 옳음을 반대되는 것으로 대비시키는 일상적인 용법에 따라 공리에 '편의'라는 이름을 붙이고, 공리주의를 비도덕적인 이론이라고 낙인찍는다. 그러나 '옳음'과 반대되는 의미에서의 '편의'는 일반적으로 행위자 자신의 특정한 이익을 위해 편의를 산출하는 것을 말하는 것으로, 예를 들어 어떤 장관이 자신의 직위를 보전하기 위해서 국가의 이익을 희생하는 경우를 들 수 있다. 편의가 이 보다 나은 것을 의미할 때는, 그것은 어떤 즉각적인 대상, 어떤 일시적인 목적을 위해서는 도움이 되지만 어떤 규칙을 위반하는 것을 의미하는데, 이런 규칙은 만일 준수된다면 훨씬 높은 단계에서 편의를 산출하는 것이다. 편의는 이런 의미에서는 공리와 같은 것이라기보다 해로운 것의 일종이다. 따라서 일시적인 망신을 모면하기 위해서나, 우리 자신이나 다른 사람들에게 유용한 것을 얻기 위해 거짓말을 하는 것은 편의로운 것이라 할 수 있다. 그런데 진실성은 사회의 행복이 의존하는 것이고, 문명, 미덕 등 인간의 행복이 가장 광범위하게 의존하는 것이다. 그래서 우리 자신의 행동을 통해 진실성에 대한 감정을 배양하는 것이 사회적으로 가장 유용한 것들 중의 하나이고, 그런 감정을 약화시키는 것은 가장 해로운 것 중의 하나이다. 그런데 비록 의도하지 않았다 하더라도 진실로부터 벗어나는 행동은 사람들이 주장하는 것의 진실성을 그 만큼 약화시키는데, 이런 진실성이 불충분하게 되면 다른 어떤 것보다도 문명과 미덕 등 인간의 행복이 가장 광범위하게 의존하는 모든 것들을 퇴보시키게 된다. 그래서 우리가 현재의 이익을 위해서 그런 엄청난 편의를 가진 규칙을 위반하는 것은 유용한 것이 아니고, 자기 자신이나 다른 사람들의 편의를 위해서 이런 진실성을 파괴하는 데에 한 몫을 하는 사람은 인류의 가장 큰 적들 중 한 명이 되는 것이다. 그러나 물론 거짓말을 하지 말라는 이 규칙도 신성하기는 하지만 예외를 허용한다는 것은 모든 도덕이론가들이 인정한다.[33] 그런 예외들 중 중요한 예는 어떤 사실을 알리지 않는 것이 (악의를 가진 사람에게 정보를, 그리고 치명적으로 아픈 사람에게 나쁜 소식을 말하지 않는 것처럼) 사람을 (특히 자기 자신이 아닌 다른 개인을) 아주 무고한 악으로부터 구할 수 있고, 그렇게 알리지 않을 수 있는 유일한 방법이 거짓말을 하는 방법 밖에 없는 경우이다. 그러나 그런 예외가 필요 이상으로 확대되지 않고 진실성에 대한 신뢰를 가능한 한 약화시키지 않게 위해서는, 그런 경우들이 예외라는 것이 인식되어야 하고, 가능한 한 그 한계가 명확하게 정해져야 한다. 만약 공리주의 원리가 장점을 가지고 있다면, 이런 상충하는 공리들을 비교해서, 이런 공리들이 더 우위를 가져야 하는 영역을 확실하게 결정할 수 있다는 것이다.

33 밀의 이런 주장은 엄격하게 말해서 옳다고 할 수 없는데, 결과가 어떻게 되더라도 사람은 언제나 진실을 말해야 한다고 주장하는 도덕이론가들도 있다.

공리주의에 대한 또 다른 비판은 어떤 행위자가 행위를 하기 전에 그 행위가 일반적 행복에 대해서 미치는 영향을 계산할 만한 시간이 없다는 것이다. 이것은 마치 우리가 어떤 행동을 하기 전에 매번 성경을 읽을 만한 시간이 없기 때문에, 우리는 기독교에 의거해 행동할 수 없다고 주장하는 것과 같다. 이 반론에 대한 응답은 사실 우리는 충분한 시간을 가지고 있다는 것으로, 인류의 과거가 바로 그런 시간이라는 것이다. 과거의 모든 시간 동안 인류는 경험을 통해 행동의 경향을 배워왔는데, 그런 경험에 모든 합리적 타산과 도덕이 기초한다. 비판자들은 인류의 이런 경험이 지금까지는 시작도 되지 않고 연기되어 왔던 것처럼, 그리고 어떤 사람이 다른 사람의 재산이나 목숨을 해치거나 뺏으려는 유혹을 느끼는 그 순간에 처음으로 도둑질과 살인이 인류의 행복에 해가 되는지를 처음으로 고려하기 시작해야 하는 것처럼 말한다. 사실 나는 그 때조차도 그런 범죄를 저지르려고 하는 사람에게 그 질문이 대단히 어렵다고 생각하지 않으며, 그는 자신의 행동이 인류의 행복에 해가 된다는 것을 알고 있으며, 그것을 할지 말지가 그의 손에 달려 있다는 것을 알고 있다고 생각한다. 그런데 만일 인류가 공리주의를 어떤 행위의 도덕성에 대한 테스트로서 받아들이기로 일단 합의한다면, 인류가 무엇이 유용한지에 대한 합의를 하지 않고, 그리고 그런 주제들에 대해서 어린이들을 가르치고, 법과 사회 여론을 통해서 실행하기 위한 수단을 취하지 않을 것이라고 가정하는 것은 터무니없는 것이다. 만일 어떤 윤리이론이든 인류의 보편적인 무지상태와 결합된다면 그런 윤리이론이 잘 작동하지 않으리라는 것을 증명하는 데에는 어려움이 없을 것이다. 그러나 인류는 지금 현재까지 어떤 행위들이 자신들의 행복에 영향을 미치는 가에 대한 믿음을 형성해왔으며, 그렇게 이어 내려온 믿음들이 대중을 위한 도덕규칙들이고, 철학자들이 보다 좋은 규칙을 발견하기 전까지는 철학자들의 도덕규칙들이기도 하다. 나는 그렇게 이어져 내려온 도덕규칙들이 신이 부여한 권위를 가진 것도 아니고, 인류가 일반적 행복에 미치는 행위들의 효과에 대해서 아직도 많은 것을 배워야 할 뿐만 아니라, 철학자들이 오늘날보다 여러 가지 주제들에 대해서 보다 좋은 도덕규칙들을 찾을 수 있다는 것을 인정할 뿐만 아니라 그렇게 할 것을 강력히 주장한다. 공리주의 원리에서 추론된 원리(corollaries)들은 다른 모든 실천적 기술의 원리들처럼 무한히 발전할 것이고, 인간 정신이 진보하는 상태에서 그런 원리들의 발전은 영원히 계속될 것이다. 그러나 도덕규칙들이 발전가능하다고 생각하는 것과, 중간단계에서 일반화를 통한 제2차 원리(secondary principles)들을 전적으로 간과하고, 각 개별 행위를 제1원리(primary principle)에 의해 테스트하고자 하는 것은 다른 것이다. 제1원리를 인정하는 것과 제2차 원리들을 허용하는 것이 일관되지 않는다는 주장은 정당화되지 않는다. 우리가 어떤 여행자에게 그의 최종목적지를 알려준다고 해서, 그가 그런 목표를 향해 가는 중에 눈에 잘 띠는 표지물들과 표지판을 사용하라고 알려주지 말아야 하는 것은 아니다. 우리가 행복이 도덕의 목적이고 목표라고 주장한다고 해서, 우리가 그 목표를 향한 어떤 길을 내서는 안 되거나, 그리로 가는 사람들에게 어떤 방향으로 가라고 충고해서 안 된다는 의미는 아니다. 공리주의 비판자들은 다른 실천적 문제에 관해서는 이런 터무니없는 말을 하거나 들으려고 하지 않으면서, 유독 도덕의 주제에 관해서만 이런 말을 하는데 그래서는 안 된다. 아무도 선원들이 항해력을 계산하기 위해 기다릴 수 없기 때문에 항해술이 천문학에 기초하지 않는다고 말하지 않는다. 합리적인 사람들인 선원들은 이미 계산된 항해력을 가지고 바다로 나아간다. 모든 이성적 인간들은 통상적인 옳고 그름에 대한 문제, 그리고 그 보다 더 어려운 현명함과 어리석음에 대한 문제들에 대해서 이미 마음을 결정한 채로 인생의 바다로 나아간다. 예견하는 것이 인간의 특징인 한 사람들은 계속 그럴 것이다. 우리가 무엇을 근본적인 도덕의 원리로 받아들이건, 우리는 그것을 적용하기 위해서 하위 원리들을 요구한다. 하위 원리 없이 근본적인 원리를 적용하는 것이 불가능하다는 것은 모든 체계에 공통된 것이기 때문에 그것은 어떤 특정한 체계에 반대하는 논증의 기초가 될 수 없으며, 따라서 도덕의 체계에 반대하는 논증의 기초도 될 수 없다. 나는 인류가 그들의 경험으로부터 아무런 일반적 결론도 끌어내지 못했고 앞으로도 언제나 그럴 것이어서, 2차 원리를 갖지 못하며 앞으로도 갖지 못할 것이라는 주장을 철학적인 논쟁에서 가장 터무니없는 주장이라고 생각한다.

공리주의에 반대하는 통상적인 논증들 중 나머지 논증들은 주로 인간 본성의 공통적인 약함과 자신의 인생의 항로를 결정함에 있어서 양심적인 사람들을 당혹하게 하는 일반적인 어려움에 그 근거를 두고 있다. 공리주의자는 자신이 처한 상황에 대해 도덕규칙을 공평무사하게 적용하기보다 도덕 규칙들이 예외를 허용하는 상황으로 판단하기 쉽다는 것이다. 즉 공리주의자는 자기 자신이 처한 상황에서 자신이 도덕규칙을 지키는 것보다 도덕규칙을 위반하는 것이 보다 더 공리가 크다고 판단하도록 유혹받기 쉬우며 쉽게 그렇게 할 것이라고 비판 받는다. 그렇지만 공리주의만이 우리가 악을 행할 때 변명을 제공하고 우리 자신의 양심을 속이는 수단을 제공하는 유일한 윤리이론일까? 사실 여러 가지 이유들이 상충한다는 것을 도덕의 사실로 인정하는 어떤 윤리이론들도 그런 변명이나 수단을 풍부하게 제공한다. 그리고 정상적인 사람들이 믿어온 모든 도덕 이론들은 그런 사실을 인정한다. 우리가 행동의 규칙들이 예외를 인정하지 않도록 만들지 못하는 것과, 즉 어떤 종류의 행동은 언제나 옳은 것이거나 언제나 그른 것으로 분류하지 못하는 것은 어떤 도덕 이론의 잘못이 아니라 인간사의 복잡함 때문이다. 어떤 윤리이론이든지 상황의 특수성에 대처토록 하기 위해 행위자의 도덕적 책임 하에 어느 정도의 융통성을 허용함으로써 도덕법칙의 엄격성을 어느 정도 완화한다. 융통성을 허용하는 모든 윤리이론은 자기기만과 부정직한 결의론(casuistry)을 허용할 수 있다는 문제점을 가지게 된다.[34] 그러나 어떤 도덕이론에서든 도덕 의무들이 상충하는 애매한 경우들이 일어난다. 이런 것들이 윤리학의 이론적 맥락에서나, 개인이 자신의 행위를 양심적으로 하고자 할 때 부딪치는 복잡하고 어려운 점들이다. 그런 문제들을 실천적으로 잘 극복하는지 아닌지는 개인의 지성과 덕성에 달려있다. 그렇지만 권리와 의무들이 상충하는 상황에서, 어떤 사람이 공리주의자처럼 그것들을 비교하는 궁극적인 기준을 가지고 행동하기 때문에, 그가 이런 권리와 의무가 상충하는 문제를 해결하는 데 있어서 그런 기준을 가지고 행동하지 않는 사람보다 적절치 못하게 행동할 것이라고 주장할 수는 없다. 만일 공리주의가 도덕적 의무들의 궁극적 원천이라면, 공리주의의 원리는 그런 도덕적 의무의 요구들이 상충할 때, 그것들을 판정하는 기준이 될 수 있다. 비록 그 기준을 적용하는 것이 어렵지만, 그래도 아무 것도 없는 것보다는 낫다. 다른 윤리체계에서 도덕원리들은 모두 독립적인 권위를 주장하기 때문에, 그런 도덕원리들 사이의 분쟁을 판정할 자격이 있는 공통된 심판이 없다.[35] 이런 다수의 도덕원리들 사이에서 어느 원리가 우선되어야 한다는 주장들은, 일반적으로 그렇듯이 만일 암묵적으로 공리주의적 고려에 의해서 결정된 것이 아니라면 궤변에 의존하거나 개인적 욕망과 편파성에 의존한다. 우리는 2차적 원리들이 충돌하는 경우에, 오직 그 경우에만 제1원리를 고려하는 것이 요구된다는 것을 기억할 필요가 있다. 2차적 도덕원리들이 관련되지 않는 도덕적 의무의 경우는 없는데, 만일 단 하나의 2차적 원리만 있다면 그 원리를 인정하는 사람의 마음 속에서는 그것이 어떤 것인지에 대해서 거의 의문의 여지가 없을 것이다.

34 결의론은 모든 구체적인 상황에 적용되는 일반적인 도덕원칙이 없고, 특정한 구체적인 상황마다 도덕원칙이 달

라진다는 견해이다. 현대에 유명한 결의론 이론으로 상황윤리를 들 수 있다.

35 앞에서 말했듯이 직관주의의 단점은 다수의 도덕규칙이 존재한다는 것이고, 이들의 우선성을 판정해 줄 보다 상위의 원칙이 없다는 것이다.

제3장

공리주의 원리의 궁극적 동기와 제재에 관하여

제3장

공리주의 원리의 궁극적 동기와 제재에 관하여

어떤 도덕기준에 대해서도 다음과 같은 질문들이 자주 그리고 정당하게 제기된다. 그 도덕기준의 동기와 제재는 무엇인가? 우리가 그 기준을 따라야 할 동기는 무엇인가? 혹은 보다 구체적으로, 그 의무의 근원이 무엇인가? 그 기준의 구속력은 어디로부터 나오는가? 이런 질문들에 대해서 어떤 도덕 이론이든 답을 할 필요가 있음에도 불구하고, 이 질문들은 공리주의에 특히 잘 적용되는 것처럼 공리주의에 대한 반론으로 자주 제기된다. 그런데 사실 이 질문은 어떤 사람이 지금까지의 관습적인 도덕과 다른 기초를 가진 도덕 기준을 받아들이도록 요구될 때 제기된다. 사실 교육과 사회적 여론이 관습적인 도덕만을 우리에게 신성하게 보이도록 만들어 왔기 때문에, 관습적 도덕만이 의무라는 감정을 우리에게 불러일으키는 듯이 보이는 유일한 도덕이다. 그래서 관습적 도덕이 아닌 다른 일반적 원리에서 도덕의무들이 도출된 것이라고 어떤 사람에게 믿으라고 할 때, 그에게는 그런 주장이 역설처럼 들리는 데, 그 이유는 공리(axiom)로서 작용하는 일반적 도덕원리보다 그 원리에서 도출되었다고 주장되는 도덕의무들이 더 강한 구속력을 가지는 듯이 보이기 때문이다. 즉 기초로서 제시된 일반적 도덕원리가 있을 때보다는 없을 때에, 그 상부구조인 구체적 도덕적 의무들이 더 잘 확립되어 있는 것처럼 보이기 때문이다. 그는 자신이 도둑질하거나 살인하거나 배신하거나 사람들을 속여서는 안 된다고 생각하지만, 왜 자신이 일반적인 행복을 증진해야 하는지, 만일 자신의 행복이 일반적인 행복을 증진하는 것이 아닌 다른 것으로 이루어 진다면, 왜 자신이 일반적인 행복보다 자신의 행복을 증진하는 것을 우선해서는 안 되는지 자문하게 될 것이다.

만일 도덕감정의 본성에 관한 공리주의의 견해가 맞는다면, 이런 어려움은 도덕적 인격을 형성하는 데 영향을 미치는 여러 가지 힘들이 공리주의 원리에 확실히 뿌리내리기 전까지는 사라지지 않을 것이다. 즉 교육의 향상을 통해 우리가 인간동포들과 하나가 되고자 하는 감정이 우리의 인격 속에 뿌리내리고 (예수 그리스도가 이런 것을 의도했다는 것은 부정될 수 없다), 그리고 우리의 의식 속에 우리 인격의 한 부분으로 뿌리내리기 전까지 이런 어려움은 언제나 일어날 것이다. 그러나 한편 이런 어려움은 공리주의 이론에만 특별한 것이 아니라, 도덕을 분석하고 도덕을 기본적인 원리로 환원하려는 모든 도덕이론에 내재적인 것이다. 만일 그 원리가 사람들의 마음 속에 그 원리의 적용 사례라 할 수 있는 구체적인 도덕적 의무들이 가지는 신성함을 가지고 있지 않다면, 도덕을 분석하고 환원하려는 시도는 언제나 그 원리로부터 신성함의 일부를 훼손시킨다.

공리주의 원리도 다른 모든 도덕체계들이 가지는 모든 동기와 제재수단을 가지고 있으며, 사실상 그런 수단들을 갖지 못할 이유가 없다. 그런 동기와 제재수단은 외적이거나 내적이다. 외적 동기와 제재수단에 관해서는 길게 말할 필요가 없을 것이다. 그것들은 우리가 인간동포들(fellow human beings)에 대해 가지는 공감이나 애정, 그리고 자신을 위한 이기적인 결과와 상관없이 우리가 신의 의지를 행하도록 하는 신에 대한 사랑과 두려움과 함께, 우리의 인간동포들이나 우주의 지배자로부터 호의를 얻고자 하는 바람[혹은 욕망]이나 그들이 우리를 싫어하는 것에 대한 두려움이다. 다른 도덕이론들은 도덕규칙을 준수하고자 하는 이런 모든 동기들을 전적으로 인정하는 데, 공리주의라고 해서 그러지 못할 이유가 전혀 없다. 특히 우리가 인간동포들과 관련해서 언급한 동기들은 사회의 일반적인 지적인 수준에 비례해서 공리주의도 확실하게 인정하는 데, 일반적 행복 외의 다른 도덕의 근거가 있든 없든 사람들은 행복을 원하고, 자신들이 다른 사람들의 행복을 포함하는 일반적 행복을 추구함에 있어서 불완전하게 실천한다 할지라도, 그들은 다른 사람들이 자신들의 행복을 증진하도록 행동하기를 원하고 그렇게 권장할 것이다. 종교적 동기에 관해서 대부분의 사람들이 신의 선함을 믿는다고 고백하는 것처럼, 만일 사람들이 신의 선함을 믿는다면, 일반적 행복을 추구하는 것이 선의 본질이나 유일한 기준이라고 생각하는 사람은 신도 역시 그것에 동의해야 한다고 믿어야만 한다. 따라서 모든 외적인 보상과 처벌의 힘은 그것이 육체적이든 정신적이든, 그리고 신으로부터 나오든 혹은 사람으로부터 나오든, 이웃 사람들이나 창조주에 대한 사심 없는 헌신과 더불어 공리주의 도덕을 강화하는데 사용될 수 있을 것이다. 이는 공리주의 도덕이 인정되는 정도에 따라, 그리고 교육을 포함하여 사회성원의 인격을 함양하는 여러 가지 방법들이 그런 목적을 위해서 사용되면 될수록 더욱 더 강력하게 그렇게 될 것이다.

외적인 동기와 제재에 관한 논의는 이 정도로 마치기로 하자. 이제 내적인 동기와 제재에 관해 논하자면, 우리의 의무의 기준이 무엇이건 의무의 내적인 동기와 제재는 우리 마음 속의 감정인데, 이 감정은 의무를 위반하는 경우에 수반되는 강렬한 고통으로, 이런 감정은 적절히 함양된 도덕적 본성을 가진 사람에게서는 그가 도덕적 의무를 심각하게 위반할 경우에는 그런 고통으로부터 벗어나는 것이 불가능할 정도가 된다. 이 감정이 특정한 의무의 형태나 단지 부수적인 환경이 아니라, 아무런 사심도 없고, 의무의 순수한 관념과 연결될 때, 바로 양심의 본질을 이룬다. 그런데 이런 단순한 사실은 여러 가지 근원으로부터 나온 연상들로--동정심, 사랑, 공포, 그리고 모든 종류의 종교적 감정들, 어린 시절과 우리의 모든 과거에 대한 회상, 자존심, 다른 사람들한테서 존중받고 싶은 마음, 때로는 심지어 자기 비하의 감정 등으로부터 나온 연상들로- 뒤덮여서 복잡한 현상으로 보인다. 나는 이런 현상의 심한 복잡함이 사람들이 도덕적 의무가 가지고 있다고 보는 신비로운 성질의 원천이고, 사람들로 하여금 신비한 법칙에 의해서 우리의 현재 경험에서 그런 관념을 불러일으키는 대상들을 빼놓고는 그 어떤 것도 그런 도덕적 의무의 개념을 가질 수 없다고 믿게 한다고 생각한다. 그러나 도덕적 의무의 구속력은 감정의 존재인데, 이런 감정은 우리 스스로가 믿는 옳음의 기준을 위반하려고 하면 극복해야만 하고, 만일 우리가 그 기준을 위반하게 된다면 나중에 후회로 남게 되는 그런 감정이다. 우리가 양심의 본성이나 기원에 관해서 어떤 이론을 가지건, 이것이 양심에 관한 이론의 핵심이라 할 수 있다.

그러므로 외적 동기와 제재를 논외로 하고, 모든 도덕률의 궁극적 동기와 제재가 우리 마음속의 주관적 느낌이라 할 때, 나는 공리주의가 어떤 동기와 제재를 가지고 있느냐는 질문에 대해 공리주의자들이 당혹해할 이유가 전혀 없다고 생각한다. 우리 공리주의자들은 다른 모든 도덕기준을 주장하는 이론가들과 마찬가지로 인류의 양심적 감정이 그것이라고 답할 것이다. 그러나 물론 공리주의가 호소하는 이런 감정을 가지고 있지 않은 사람들에게 이런 동기와 제재는 아무런 구속력도 가지지 못할 것이다. 그러나 이런 사람들은 공리주의 도덕만을 따르지 않는 것이 아니라 다른 어떤 도덕 원리들도 따르지 않을 것이다. 이들에게는 어떤 도덕원리도 외적 동기와 제재를 통하지 않고서는 구속력을 갖지 않는다. 그러나 그런 감정들이 존재한다는 것은 인간 본성에 관한 사실이고, 그런 감정이 잘 함양된 사람들에게서 강력한 힘을 발휘한다는 것은 경험에 의해서 입증되었다. 다른 도덕기준들에서 그렇듯이, 이런 감정들이 공리주의와 연관해서 강력하게 함양되지 못할 이유가 없다.

나는 사람들이 도덕적 의무가 전적으로 주관적인 것, 즉 오직 인간의 의식에 기초하고 있다고 믿는 사람보다, 도덕적 의무가 초월적 사실, 즉

'물 자체 things in themselves'의 영역에 속하는 객관적 실체라고 믿는 사람이 도덕적 의무를 훨씬 더 잘 준수한다고 생각하는 경향이 있다는 것을 알고 있다.[36] 그러나 도덕적 의무의 존재론에 대해서 사람들이 어떻게 생각하건, 어떤 사람으로 하여금 실제로 도덕적 의무를 준수하도록 만드는 힘은 그 자신의 주관적 감정이고, 그 힘은 그런 느낌의 강도에 의해 측정된다. 의무가 객관적 실체라는 믿음은 신이 객관적 실체라는 믿음보다 강하지 않다. 그러나 신의 존재에 대한 믿음은, 실제 보상과 처벌에 대한 예상을 차치한다면, 주관적인 종교적 느낌을 통해서만, 그리고 그런 느낌에 비례해서만 사람의 행동에 영향을 준다. 동기와 제재는 사심이 없는 한에서 언제나 사람의 마음 안에 있다. 따라서 초월주의 도덕 이론가들은 어떤 사람이 동기와 제재의 뿌리가 자신의 마음 밖에 있다고 믿지 않는다면, 그 동기와 제재는 그의 마음 속에 존재하지 않으며, 만일 어떤 사람이 스스로에게 나를 구속하는 양심이라는 것이 자신의 마음 속에 있는 감정이라고 믿을 수 있다면, 그는 그런 감정이 사라지면 의무도 사라진다는 결론을 내릴 수 있을 것이고, 만일 그런 감정이 불편하다고 느끼면 그것을 무시하고 제거하려 할 것이라는 우려를 하고 있음에 틀림이 없다. 그러나 과연 공리주의만이 이런 위험을 가지고 있는 것인가? 만일 어떤 사람이 도덕적 의무감의 기원이 마음 바깥에 있다고 믿는다면, 그에게는 그런 의무감의 감정이 너무 강해서 그것을 제거하지 못하게 될까? 사실은 이와 정반대여서, 모든 도덕주의자들은 사람들이 일반적으로 양심의 소리를 무시하고 그에 반해 행동한다는 것을 인정하고 그에 대해 개탄한다. 공리주의를 따르는 사람들만큼이나 자주, 공리주의에 대해 전혀 들어보지 못한 사람들도 "내가 내 양심을 따라야 하는가?" 하고 자문한다. 이런 질문을 할 만큼 양심적 감정이 약한 사람들이 자신이 양심을 따라야 한다고 대답한다면 그 이유는 그가 초월주의 이론을 믿어서가 아니라 외부적 동기나 제재 때문이다.

36 물 자체는 칸트의 용어이다. 물 자체는 현상과 대비되는 것으로, 그런 현상이 존재하기 위해서 필요한 조건이라 할 수 있다. 밀은 여기서 칸트의 초월적 관념론에 의해서 영향을 받은 직관주의자 휴웰을 염두에 두고 있다.

현재 논의의 목적에 비추어 볼 때 이런 의무의 감정을 인간이 선천적으로 가지고 태어나는 것인지, 아니면 그런 감정이 후천적으로 길러지는 것인지 여부를 결정할 필요는 없다. 그것을 선천적인 것이라고 가정한다면, 그런 감정이 자연적으로 어떤 대상에 부착되는지 하는 질문을 할 수 있다.[37] 왜냐하면 그 이론을 철학적으로 지지하는 사람들은 오늘날 그런 직관적 지각의 대상은 도덕적 원리들에 관한 것이지 그 구체적인 내용이 아니라는 것에 합의하고 있기 때문이다. 만일 이 문제와 관련해서 선천적인 무엇인가가 있다면, 나는 그런 선천적인 감정이 다른 사람들의 쾌락이나 고통을 고려하는 감정이어서는 안 될 이유가 없다고 본다. 만일 직관적으로 구속력을 가진 어떤 도덕 원리가 존재한다면, 나는 이것이 그 원리라고 주장한다. 만일 그렇다면 직관주의윤리는 공리주의윤리와 서로 부합할 것이고 두 이론들 사이에 더 이상 논쟁을 벌일 이유가 없다. 그런데 지금 현재도 직관주의자들은 직관적으로 준수해야 할 도덕적 의무들 중의 하나가 다른 사람에 대한 배려라고 믿고 있다. 왜냐하면 그들 모두는 도덕의 많은 부분이 인간동포들의 이익에 대한 고려에 의존한다고 주장하기 때문이다. 따라서 도덕적 의무의 초월적 기원에 대한 믿음이 내부적 동기와 제재에 대해 어떤 추가적인 실행력을 보태준다면, 공리주의 원리도 이미 그 혜택을 누리고 있다고 할 수 있다.

37 열린 질문은 닫힌 질문에 반대되는 말이다. 닫힌 질문의 경우에는 답이 이미 논란의 여지가 없어서 그 답을 의미있게 찾을 수 없는데 반해, 열린 질문의 경우는 그 답이

무엇인지에 대한 논의의 여지가 있어서 그 답을 의미있게 찾을 수 있다.

그렇지만 다른 한편으로 내가 믿는 것처럼 도덕감정이 선천적으로 타고 난 것이 아니고 후천적으로 길러지는 것이라 하더라도,[38] 그런 이유 때문에 그런 감정이 덜 자연적인 것은 아니다. 사람들이 말하고 추론하고 도시를 건설하고 그리고 토지를 경작하는 능력들은 후천적으로 길러진 능력들이지만 이런 능력들은 자연적이라 할 수 있다. 도덕감정이 우리 인간 모두에게서 분명히 지각할 수 있을 만큼 존재한다는 의미에서라면 도덕감정은 우리 인간의 본성의 일부는 아니다. 불행히도 이것은 그런 감정이 초월적 기원을 가지고 있다고 가장 강하게 믿는 사람들도 어쩔 수 없이 인정하는 사실이다. 그러나 앞에서 언급한 후천적 능력들과 마찬가지로 도덕적 능력은 우리의 본성의 일부분은 아니지만 그 본성에서 자연적으로 자라나온 것이다. 그리고 그런 능력들처럼 이런 도덕적 능력은 아주 적은 정도로는 분명히 저절로 싹이 틀 수 도 있고, 배양을 통해서 더 자랄 수도 있다. 그러나 불행히도 이런 도덕적 능력은 충분한 외적 제재와 어린 시절의 영향에 의해서 거의 어떤 방향으로도 배양될 수 있어서, 어리석고 악한 일 조차도 본인은 양심적인 일이라고 생각하면서 할 수 있도록 길러질 수도 있다. 그런데 비록 공리주의가 인간본성에 기초하고 있지 않다 하더라도, 공리주의가 동일한 외적 동기 및 제재와 어린 시절의 영향에 의해 동일한 힘을 가질 수 있다는 것을 의심하는 것은 경험적으로 보았을 때 틀린 것이다.

38 여기서도 밀은 아리스토텔레스적인 견해를 따르고 있다. 『니코마코스 윤리학』 2권 1장.

그러나 도덕적 연상관계(moral association)가 전적으로 인위적인 것이라면 지성적 문화가 발전해가면서, 그것은 분석의 용해력에 의해 점차 사라지게 될 것이다. 마찬가지로 만일 의무감과 공리주의의 연상관계가 자의적인 것으로 보인다면, 그리고 그런 연상관계가 조화를 이루고, 우리로 하여금 그런 연상관계를 편하게 느끼게 하고, 우리에게 매우 중요한 일로서 다른 사람들에게서 그런 연상관계를 배양할 뿐 아니라 우리 자신에게서도 그런 연상관계를 배양하는 것을 소중하게 여기게 하는, 우리 본성의 지도적인 부분, 즉 어떤 강력한 종류의 감정이 없다면, 한마디로 다시 말해 공리주의 도덕을 위한 감정의 자연적 기초가 존재하지 않는다면, 설령 교육에 의해 이런 연상관계가 수립된 이후라 하더라도 그와 같은 연상관계 역시 분석에 의해서 사라지게 될 것이다.

그렇지만 이런 강력한 자연적 감정의 기초가 분명 존재한다. 그리고 이런 감정의 기초가 존재한다는 것이, 일단 일반적 행복이 윤리적 기준으로 받아들여지면 공리주의 도덕의 강점을 이루는 것이다. 이런 굳건한 기초는 인류의 사회적 감정이다. 사회적 감정이란 우리가 인간동포들과 조화롭게 살고자 하는 욕망(the desire to be in unity with fellow human beings)인데, 이것은 이미 인간 본성 속에서 강력한 원리로 작동하고 있으며 굳이 인위적으로 가르치지 않더라도 문명이 발전하면서 다행스럽게 그에 비례해 점점 강해진다. 사회상태는 처음부터 인간에게는 너무나 자연스럽고 필요하며 익숙한 것이라서 어떤 예외적 상황들의 경우나 혹은 자발적으로 스스로를 고립시키려는 경우가 아니라면, 사람들은 자신을 사회의 한 구성원으로 인식하지 않을 수 없고, 그리고 이런 연상관계는 사람들 각자가 독립해서 사는 야만 상태로부터 인류가 점점 멀어져 가면서 더욱 더 강해진다. 따라서 사회상태를 유지하는 데에 꼭 필요한 조건들은 자신이 그 속에 태어나고, 그의 운명이 되는 세상의 상태에 대한 개념과 점점 더 분리할 수 없는 부분이 된다. 주인과 노예 관계라면 모를까, 이제 어떤 인간사회도 관련된 모든 사람들의 이익을 고려하는 것 외에 다른 기초를 가지는 것이 불가능하다. 평등한 사람들 사이의 사회는 모든 사람의 이해관계를 평등하게 고려해야 한다는 이해 위에서만 존립이 가능하다. 문명의 모든 상태에서 절대군주는 예외로 하고, 모든 사람들의 경우에 자기와 평등한 사람들이 존재하기 때문에, 모든 사람들은 누군가와는 이런 조건 하에 살아야만 한다. 그리고 모든 시대에서 누군가와 이와 다른 조건 하에서 영원히 사는 것이 불가능한 상태를 향한 진보가 어느 정도 이루어지고 있다. 이런 방식으로 사람들이 다른 사람의 이익을 완전히 무시하는 상태를 가능한 것으로 생각할 수 없도록 성장되어야 한다. 사람들은 자신을 보호하기 위해서라도 최소한 자신이 남에게 심각한 해를 끼쳐서는 안 되고, 사람들이 다른 사람들에게 심각한 해를 끼치는 것에 언제나 반대하며 살아야 한다. 그들은 다른 사람들과 협력하고, 그들과 협력하는 동안에는 개인적인 이익이 아니라 집단적인 이익을 행동의 목표로 삼는 일에 익숙해져야 한다. 그들이 서로 협력하는 한, 그들의 목표는 협력하는 다른 사람들의 목표와 동일하게 되고, 협력하는 다른 사람들의 이익이 곧 자신의 이익이 된다는 감정을 일시적으로라도 가지게 된다. 사회적 유대를 강화하는 모든 것은, 그리고 사회가 건강하게 발전하는 것은 각 개인이 실제적으로 타인의 복리를 고려하는 것에 자신의 이해관심을 갖게 할 뿐 아니라, 타인의 복리에 대해 더욱 감정적 일체감을 느끼거나 아니면 적어도 그런 것을 고려하는 것에 대해 점점 더 강력하게 실천적으로 관심을 갖게 해준다. 그래서 자신이 마치 본능에 따라 하듯이, 다른 사람에 대해 당연히 관심을 가지고 배려하는 존재로 자신을 의식하게 된다. 마치 우리가 우리 존재의 어떤 신체적 조건에 관심을 기울여야 하듯, 그는 다른 사람들의 복리에 자연스럽게 반드시 주의를 기울이게 된다. 그 결과 그 사람이 이런 감정을 얼마나 가지고 있든지 간에, 그는 그것을 증명하려는 이해관심과 공감의 강한 동기를 가지고 행동하게 될 것이고, 자신의 온 힘을 다해 다른 사람들 역시 그런 감정을 갖도록 권장할 것이다. 그리고 비록 자기 자신이 그런 감정을 가지고 있지 않더라도, 다른 사람들과 마찬가지로 다른 사람들이 그런 감정을 가져야 한다는 것에 이해관심을 가지게 될 것이다. 결과적으로 이런 감정의 가장 작은 씨앗이 공감(sympathy)의 전염성과 교육의 영향력에 의해서 뿌리를 내려 자라나게 되고, 그리고 그것을 둘러싸고 강력한 외적 동기와 제재에 의해 완전한 협력적 연상관계의 거미줄이 형성된다. 집단 협력이 광범위하고 긴밀하게 일어난다. 문명이 발전하면서 우리는 우리 자신과 인간의 삶을 이런 식으로 인식하는 것을 점점 더 자연적인 것으로 느끼게끔 된다. 모든 단계의 정치적 발전은 이해가 상충하는 원인을 제거하고, 개인이나 계급 사이에 존재하는 법적 특권의 불평등을 없앰으로써 더욱 더 그렇게 하도록 할 것이다. 사실 이런 법적인 불평등 때문에 인류의 많은 사람들의 이해관심을 무시하는 것이 가능한 것이다. 인간정신이 발전하는 단계에서, 각 개인에게 다른 사람들과 조화로운 관계 속에 살고자 하는 감정을 발생시키고, 만일 완전하다면 개인으로 하여금 다른 사람들을 배제한 채 자신만을 위한 이로운 조건을 생각하거나 바라게 조차 하지 않게 할 여러 가지 영향들이 증가한다. 만일 이렇게 인간동포들과 조화롭게 살고자 하는 감정이 종교로서 교육된다고 가정하고, 종교의 경우에 실제 그랬던 것처럼, 교육, 제도, 사회적 여론의 모든 영향력이 모든 사람들로 하여금 아이 때부터 신앙고백과 종교적 실천 속에 둘러싸여 자라나게 한다면, 나는 이런 개념을 실현할 수 있는 그 누구도 행복의 도덕, 즉 공리주의 도덕을 위한 궁극적인 동기와 제재수단의 충분성에 대해 불안해하지 않을 것이라 생각한다. 이것을 실현하기 어렵다고 생각하는 윤리학자에게 나는 프랑스 사회학자 꽁뜨의 두 개의 주요한 저작 중의 두 번째 책, 『실증 정치 이론』을 권한다.[39] 비록 이 책에서 꽁뜨가 제시한 정치와 도덕의 체계에 대해서 나는 강력하게 반대하지만, 꽁뜨는 신의 섭리에 대한 믿음이 없이도 종교의 심리적 영향력과 사회적 효력이 인간의 삶을 관장하고, 모든 생각, 감정, 그리고 행동에 영향을 미치는 방식으로 작동하게 함으로써 인류에게 봉사할 수 있는 가능성을 풍부하게 보여준다. 만일 꽁뜨가 제시한 방식이 실현된다면 지금까지 역사적으로 실재했던 어느 종교가 전성기 때에 하던 방식조차도 단지 하나의 전형이나 맛보기에 불과한 것으로 간주될 것이다. 사실 이런 방식이 실현되었을 때의 위험성은 그것이 불충분하다는 것이 아니라 그것이 너무 지나쳐서 인간의 자유와 개인성을 과도하게 제한할 것이라는 점이다.[40]

39 오귀스뜨 꽁뜨(Auguste Comte, 1798-1857)는 프랑스 정치철학자이며 사회학의 창시자 중 한 명이다.

40 밀은 『자유론』에서 사회적 제도나 여론이 개인성을 억압하는 영향에 대한 우려를 강력하게 표현하고 있다.

공리주의 도덕의 구속력을 이루는 이런 감정을 인정하는 사람들이 그런 구속력을 느끼는 데에는, 그것의 구속력을 인류 일반이 느끼도록 하는 사회적 영향력들을 기다리는 것이 필요하지 않다. 인류의 발전과정에서 상대적으로 초기 상태라고 할 수 있는 지금 우리가 사는 시대에서는, 사람들이 다른 사람들에 대한 완벽한 동정심을 느껴서 그들 모두가 일반적 행복을 위해서만 행동하는 것이 가능하도록 할 수는 없다. 그렇지만 지금 현재에도 사회적 감정이 어느 정도 발전된 사람은 다른 사람들을 행복의 수단을 획득하기 위하여 자신과 투쟁하는 경쟁자로서, 그 자신의 목적을 달성하기 위해서 그들의 목적을 좌절시켜야만 하는 사람들로 보지 못한다. 현재에도 모든 개인이 사회적 존재로서 자신에 대해서 가지고 있는 뿌리 깊은 관념은, 자신의 감정과 목표가 다른 동포인간들의 감정과 목표와 조화를 이루는 것이 자신이 자연적으로 원하는 것들 중 하나라고 느끼도록 하는 경향이 있다. 만일 자신과 다른 사람들 사이의 의견과 정신적 문화의 차이가 그로 하여금 다른 동포인간들의 감정들 중 많은 것을 공유하지 못하게 한다면, 혹은 그로 하여금 다른 사람들의 감정을 비난하거나 부정하게 한다면, 그는 그의 진짜 목표와 그들의 목표가 충돌하지 않는다는 것을, 그가 그들이 원하는 그들의 복리에 반대하는 것이 아니라 오히려 그것을 산출하려 한다는 것을 의식할 필요가 있을 것이다. 이런 감정은 대부분의 사람들에게서 그들의 이기적 감정들보다 강도에 있어서 훨씬 약하고 때로는 완전히 결핍되어 있기도 하다. 그러나 그것을 가지고 있는 사람들에게 그것은 자연적 감정이 가지는 모든 성격을 가지고 있다. 그것은 그들 자신에게 잘못된 교육에 의한 미신이나 사회의 힘에 의해서 전제적으로 강요된 법률이 아니라, 자신들이 가지면 자신들에게 좋을 속성이고, 그것을 가지지 않으면 자신들에게 좋지 않을 속성으로 보인다. 이런 확신이 최대행복의 도덕이 가지는 궁극적인 동기와 제재이다. 이것이 잘 발달된 감정을 가진 사람으로 하여금, 다른 사람들을 배려하는 외적인 동기에 반대하는 것이 아니라, 그런 외적 동기와 협력해서 행동하도록 하는 것이다. 그리고 그런 외적 동기와 제재가 없거나 반대방향으로 나아갈 때에는, 그 사람의 성격의 감수성의 예민함과 사려 깊음의 정도에 따라 그 자체가 강력한 내적인 구속력이 된다. 그 이유는 마음이 도덕적으로 백치(blank)인 사람은 자신들의 사적인 이익이 명하는 경우가 아니라면 다른 사람들의 인생항로를 전혀 배려하지 않는 자신의 인생항로를 따라가지만, 마음이 도덕적으로 백치가 아닌 사람들 중에 그렇게 하는 사람은 거의 없기 때문이다.

제4장

공리주의는 어떤 방식으로
증명될 수 있는가

제4장

공리주의는 어떤 방식으로 증명될 수 있는가

나는 이미 궁극적 목적에 관한 질문들은 통상적인 의미에서는 증명될 수 없다고 말했다. 통상적인 의미에서의 증명이란 추론을 통해 결론을 이끌어내는 방식의 증명인데, 우리의 행동의 제1원리들뿐만 아니라 우리의 지식에 관한 제1원리들에 대해서도 이런 방식의 증명은 불가능하다. 그렇지만 지식에 관한 제1원리들은 사실의 문제로서 사실을 파악하는 기관인 우리의 외적인 감각과 내적인 의식이 직접적으로 판정하는 문제가 될 수 있다. 그런데 실천적 목적들에 관한 질문들에 관해서도 동일한 기관들이 판단할 수 있는가 아니면 그런 것들을 판단하는 다른 기관들이 있는가?

목적들에 관한 질문이란 다른 말로 하자면 어떤 것들이 욕구할 만한가(desirable) 혹은 바람직한가 하는 것이다. 공리주의이론은 행복이 욕구할 만하며, 행복만이 목적으로서 욕구할 만한 유일한 것이라는 것이며, 모든 다른 것들은 그 목적을 위한 수단으로서만 욕구할 만하다는 것이다. 공리주의의 이런 이론을 받아 들이게 하기 위해서 이 이론에 요구되는 것은 무엇이어야 하는가, 어떤 조건들이 충족되어야 하는가?

어떤 대상이 가시적(visible)이라는 것에 대한 유일한 증명은 사람들이 실제로 그것을 본다는 것이다. 어떤 소리가 가청적(audible)이라는 유일한 증명은 사람들이 그 소리를 듣는다는 것이다. 그리고 이것은 우리 경험의 다른 원천들에 관해서도 그러하다. 마찬가지로, 어떤 것이 욕구할 만하다는 것을 증명하기 위해 제시할 수 있는 유일한 증거는 사람들이 그것을 실제로 욕구한다는 것이다. 만일 공리주의가 제시하는 목적인 행복이 이론적으로나 실천적으로나 목적으로 인정되지 않는다면, 행복이 목적이라는 것을 어느 누구에게도 설득시킬 수 없을 것이다. 그런데 일반적 행복이 욕구할 만하다는 것을 증명하기 위해서 제시할 수 있는 유일한 이유는 각 사람은 자신의 행복을 얻을 수 있다고 믿는 한 자기 자신의 행복을 욕구한다는 것뿐이다. 그러나 이것이 사실인 한, 우리는 행복이 좋다는 것, 즉 각 사람의 행복은 그 사람에게 좋고, 따라서 일반적 행복은 관련된 모든 사람들에게 좋다는 것에 대한 모든 증명을 확보하게 된다. 행복은 인간 행동이 지향하는 목적들 중 하나로서의 자격을 확립해 왔는데, 결과적으로 도덕의 기준들 중 하나라는 자격을 확립하게 된다.

그러나 이것 자체만으로는 행복 자체가 유일한 기준이라는 것을 증명하지 못한다. 그런 증명을 위해서는 동일한 규칙에 의해서 사람들이 행복을 욕구할 뿐, 그 외의 것을 욕구하지 않는다는 것을 보여야만 한다. 사실 일상적인 어법으로 보자면 사람들은 행복과는 확실히 다른 것들을 욕구하는 것으로 보인다. 예를 들어 사람들은 고통 없는 상태와 쾌락을 욕구하는 만큼이나 미덕이 있고 부덕이 없는 상태를 욕구한다. 미덕에 대한 욕구는 모든 사람들이 보편적으로 가지고 있는 것은 아니지만, 그런 욕구는 행복의 욕구만큼이나 사실이다. 따라서 공리주의의 기준에 반대하는 사람들은 행복 외에 인간행동의 다른 목적들이 있고, 따라서 행복이 도덕적 승인(approbation)과 도덕적 부인(disapprobation)의 기준이 아니라고 결론을 내리는 것이 정당하다고 주장한다.

그렇지만 공리주의가 사람들이 미덕을 욕구한다는 것을 부정하거나, 미덕을 욕구해야 하는 대상이 아니라고 주장하는가? 오히려 정반대이다. 공리주의는 사람들이 미덕을 욕구해야 할 뿐만 아니라 사람들이 미덕을 사심 없이 욕구해야 한다고 주장한다. 공리주의자들이 우리가 인정하는 미덕을 미덕으로 만든 원래 조건들에 대해 어떤 견해를 가지건,

그리고 공리주의자들이 어떤 행위와 경향성은 그것들이 미덕 외의 다른 목적을 산출하기 때문에 미덕이 된다고 믿건 (사실 그들은 그렇게 믿지만), 이런 것들을 사실이라 가정하고 그런 고려들에 입각해 유덕한 행동이나 경향성이 무엇인지 결정되었다 할 때, 공리주의자들은 미덕을 궁극적 목적을 위해서 수단적으로 좋은 가치들 중에서 가장 상위에 놓을 뿐만 아니라, 미덕이 개인에게 미덕 외의 목적을 위해서 수단적으로가 아니라, 그 자체로 좋은 것이 될 수 있다는 것을 심리적 사실로서 인정한다. 게다가 공리주의자는 미덕이 미덕 외의 다른 욕구할 만한 결과들을 산출하는 경향이 있기 때문에 미덕이 되는 것을 인정하지만, 어떤 개별적인 경우에는 미덕이 그런 욕구할 만한 결과들을 산출하지 않는다 하더라도 어떤 사람이 미덕을 그 자체로서 사랑하지 않는다면, 즉 미덕을 그 자체로서 욕구할 만한 것으로서 사랑하지 않는다면 그 사람의 마음이 올바른 상태에 있는 것이 아니라고, 즉 공리주의에 동조하는 올바른 상태에 있지 않다고 주장한다. 그런데 이런 주장은 행복의 원리에서 조금도 벗어난 것이 아니다. 행복의 요소들은 매우 다양한데, 그 각각의 요소들은 행복의 총량을 증가시키는 것으로 고려될 때에만 욕구할 만한 것이 아니라 그 자체로 욕구할 만하다. 공리주의 원리는 예를 들어 음악 같은 쾌락이나 건강 같은 고통에서의 해방을 단지 일반적 행복을 위한 수단으로만 간주하고 그런 것으로서만 욕구한다는 것을 의미하지 않는다. 사람들은 그런 행복이나 고통으로부터의 해방을 그 자체로 욕구할 만하다고 보며 그것들을 욕구한다. 그것들은 수단일 뿐만 아니라 목적의 한 부분이다. 공리주의 이론에 의하면 미덕은 원래 자연적으로는 목적의 일부분이 아니지만 그렇게 될 수 있어서, 미덕은 행복을 위한 수단이 아니라 행복의 일부분으로 욕구되며 소중하게 여겨진다.

이를 좀 더 설명하기 위해서, 우리는 미덕과 돈을 비교해 볼 수 있을 것이다. 사실 원래는 다른 어떤 것을 위한 수단이었지만, 그런 수단이 아닐 때에도 무관심해지는 것이 아니라 그것이 수단이 되었던 것과의 연상에 의해서 그 자체로서 욕구하게 되는, 그것도 가장 강하게 바라게 되는 유일한 것이 미덕만이 아니라는 것을 기억할 수 있을 것이다. 예를 들어 돈에 관한 사랑에 대해 뭐라 얘기할 수 있을까? 돈이란 원래 빛나는 자갈무더기 보다 더 욕구할 만한 것은 아니었다. 돈의 가치는 그것으로 살 수 있는 것들의 가치일 뿐이다. 돈의 가치는 돈 자체가 아니라 그것이 만족시킬 수 있는 다른 것들을 위한 욕구로 이루어 진다. 그러나 돈에 대한 사랑은 인간 삶의 가장 강한 동기일 뿐만 아니라, 돈은 많은 경우에 그 자체로, 그 자체를 위해 욕구된다. 돈을 소유하고자 하는 욕구는 종종 그것을 사용하고자 하는 욕구보다 강하고, 돈을 소유하고자 하는 것 이상을 넘어서는 목적들에 대한 욕구가 쇠퇴할 때에도 계속 증대된다. 그렇다면 돈은 어떤 목적을 위해서가 아니라 목적의 한 부분으로서 욕구된다고 말할 수 있을 것이다. 돈은 행복을 위한 수단에서 개인의 행복개념의 중요한 요소가 된다. 인생에서 사람들이 추구하는 대상들 중의 많은 것들, 예를 들어 권력이나 명성에 대해서도 우리는 거의 동일하게 말할 수 있는데, 단지 차이가 있다면 권력과 명성에는 그 자체에 자연적으로 내재되어 있는 듯한 일정한 양의 직접적인 쾌락이 수반되어 있지만, 돈의 경우에는 그렇지 않다는 것이다. 그러나 사람들로 하여금 권력과 명성을 바라도록 만드는 가장 강한 자연적 유인은 그것들이 자신들이 가진 다른 욕구들을 충족하는 데에 크게 도움이 된다는 것이다. 이처럼 권력이나 명성과 사람들이 가진 욕구의 대상들 사이에 발생하는 강한 연상작용이 그것들을 향한 욕구를 강렬하게 만드는 것인데, 어떤 사람들의 경우에는 그런 욕구가 다른 모든 욕구보다 강하다. 그래서 이런 사람들의 경우에는 수단이 목적의 일부가 되고, 그것이 수단이 되었던 어떤 목적의 부분들보다 더 중요한 목적의 부분이 된다. 한 때는 행복의 충족을 위한 수단으로 욕구되던 것이 이제는 그것 자체를 위해서 욕구되는 것이다. 그리고 그 자체를 위해서 욕구하게 되면서, 그것을 행복의 부분으로서 욕구하게 된다. 그 사람은 그것을 소유함으로써 행복해지거나 행복해 질 것이라고 생각하고, 그것을 소유하지 못하면 불행해 진다. 그런 것에 대한 욕구는 음악에 대한 사랑이나 건강에 대한 욕구가 행복에 대한 욕구인 것처럼 행복에 대한 욕구인 것이다. 그것들은 행복 안에 포함되고, 행복에 대한 욕구가 구성되는 몇 가지 요소들이다. 행복은 추상적인 관념이 아니라 구체적인 전체인데, 이들은 그것들의 몇 개의 부분들인 것이다. 그리고 공리주의 원리는 그것들이 그렇다는 것을 인정하고 허용한다. 어떤 것들이 원래는 우리의 원초적 욕구의 만족과 무관했지만, 그런 만족에 기여하거나 연상작용이 일어나면서 그 자체로 그것들이 관장하는 인간의 삶의 영역에서 그 항구성과 강도 면에서 원초적인 쾌락들보다 더 가치 있는 쾌락의 원천이 되게 하는 이런 자연의 작용이 없었다면, 인생은 행복의 원천이 부족한 빈곤한 것이 될 것이다.

미덕은 공리주의에 따르면 이와 같은 방식의 가치인 것이다. 원래는 미덕이 쾌락에 유리하다는 것, 특히 고통으로부터의 보호에 유리하다는 것 외에는 미덕을 추구하는 원래적인 욕구나 동기는 없었다. 하지만 그렇게 형성된 연상관계를 통해서 그것은 그 자체로 가치인 것으로 느껴지고, 그 자체로 가치인 다른 가치들과 마찬가지로 강렬하게 그 자체로 욕구된다. 그러나 한편으로 미덕에 대한 사랑과 다른 한편으로 돈, 명예, 권력 등에 대한 사랑은 차이가 있는데, 후자의 것들은 개인들로 하여금 사회의 다른 성원들에게 악하게 행동하게 할 수도 있고 종종 그렇게 하지만, 미덕에 대한 사심 없는 사랑을 배양하는 것만큼 사람들에게 축복이 되는 것은 없다. 그래서 결과적으로 공리주의는 그런 다른 획득된 욕구들이 일반적 행복을 증진하면서 해가 되기 전까지만 허용하고 권장하지만, 미덕에 대한 사랑은 다른 모든 것들보다 일반적 행복에 중요한 것으로서 가능한 한 가장 강한 정도까지 함양할 것을 명하고 요구하게 된다.

지금까지의 논의로부터 사람들이 사실상 행복 외에는 욕구하는 바가 없다는 결론이 나온다. 어떤 목적을 위한 수단으로서가 아니라, 즉 궁극적으로 행복을 위한 수단으로서가 아니라 그 자체로 욕구하는 모든 것들은 그 자체 행복의 일 부분으로 욕구하게 되고, 그것이 그렇게 행복의 일부분이 되기 전까지는 그 자체로 욕구하게 되지 않는다. 어떤 사람이 미덕 그 자체를 욕구한다면, 그 사람에게는 미덕을 가지고 있다는 의식이 쾌락을 주거나 미덕을 가지고 있지 않다는 의식이 고통을 주기 때문이거나 이런 두 가지 이유가 결합되어 있기 때문이다. 사실은 쾌락과 고통은 따로 존재하는 경우가 거의 없고 거의 언제나 같이 존재해서 자신이 함양한 미덕의 정도에 따라 쾌락을 느끼는 사람은 더 이상의 미덕을 성취하지 못한 것에 대해서 고통을 느낀다. 만일 전자가 쾌락을 후자가 고통을 주지 않는다면, 그는 미덕을 사랑하거나 욕구하는 것이 아니거나, 미덕이 그 자신이나 그가 아끼는 사람들에게 가져다 줄 수 있는 다른 혜택을 위해서만 미덕을 욕구하는 것이다.

그렇다면 우리는 이제 공리주의 원리가 어떤 방식으로 증명될 수 있는지에 대해서 알게 되었다. 만일 내가 지금까지 진술한 의견이 심리학적으로 옳다면, 즉 만일 인간이 본성적으로 행복의 부분이거나 행복이 수단이 아닌 어떤 것도 욕구할 수 없게 되어 있다면 우리는 행복의 부분이나 행복의 수단 만이 유일하게 욕구할 만하다는 명제를 위하여 다른 증명을 사용할 수도 없고, 다른 증명을 요구할 수도 없다. 만일 그렇다면 행복은 인간 행동의 유일한 목적이고, 행복을 증진하는 것이 모든 인간행위를 판단하는 기준이고, 부분은 전체에 포함되기 때문에 이로부터 행복의 증진이 도덕의 기준이 되어야 한다는 것이 필연적으로 도출된다.

이것이 진정 그런지 결정하기 위해서, 즉 인류가 그들에게 쾌락을 주는 것과 그 결핍이 고통을 주는 것 외의 것을 욕구하지 않는지가 참인지를 결정하기 위해서 우리는 이와 비슷한 모든 질문들처럼 증거에 의존하는 사실과 경험의 문제에 이르렀다. 이 문제는 다른 사람들의 관찰에 기반한 숙련된 자기의식과 자기관찰에 의해서만 결정될 수 있다. 나는 우리가 이런 증거의 원천들을 공정하게 참조한다면, 어떤 것을 욕구하는 것과 그것이 쾌락을 준다고 느끼는 것, 그것을 싫어하는 것과 그것을 고통스러운 것으로 생각하는 것이 전혀 분리할 수 없는 현상이며, 오히려 동일한 현상의 두 부분이고, 가장 엄밀하게 말한다면 동일한 심리적 사실을 두 가지 방식으로 명명한 것이라는 것을 알게 될 것이다. 즉 어떤 대상을 욕구할 만한 것이라고 생각하는 것과 그것이 쾌락을 주는 것이라고 생각하는 것은 동일한 것이고, 어떤 대상의 관념이 쾌락을 주는 정도에 따라서 그 대상을 욕구하는 방식이 아니라 다른 방식으로 그 대상을 욕구하는 것은 물리적으로 불가능하고 형이상학적으로도 불가능한 것이다.

위와 같은 논의가 나에게는 너무나 명백해서 나는 그것이 거의 논쟁의 대상이 되지 않으리라 생각하지만, 그래도 만일 반론이 있다면 그것은 우리의 욕망이 쾌락과 고통으로부터의 해방이 아닌 다른 어떤 것을 궁극적으로 향한다는 것이 아니라, 인간에게 있어서 의지와 욕망이 달라서, 확고한 덕을 가진 사람 혹은 확고한 목적을 가진 사람들은 그런 목적을 생각하면서 얻는 쾌락이나, 그 목적을 성취함으로써 얻게 될 쾌락에 대한 생각을 전혀 하지 않고도 그의 목적들을 수행해 나갈 것이고, 게다가 그 자신의 성격이 변하거나 그의 감수성이 약해지면서 그런 쾌락이 아주 현격히 감소하거나, 아니면 그 목적을 추구하면서 그가 받는 고통이 그런 목적을 이룸으로써 얻는 쾌락보다 훨씬 더 많을 경우에도 포기하지 않고 그런 목적을 추구해 나갈 것이라는 반론이다. 나는 이런 것들을 모두 인정하고, 나의 다른 글에서 다른 어떤 사람에 못지않게 이런 점들을 적극적이고 열렬하게 옹호했다. 능동적 현상인 의지는 수동적 현상인 욕구와 다르다. 비록 의지가 욕구로부터 나온 것이기는 하지만 시간이 지나면서 의지는 자체적으로 뿌리를 내리면서 욕구와 분리되어서, 습관이 된 목적의 경우에 있어서는 우리가 그것을 욕구해서 의지하는 것이 아니라 종종 의지하기 때문에 욕구할 정도가 된다. 그러나 이것은 습관의 힘이라는 친숙한 사실의 한 예에 불과하고 유덕한 행동의 경우에만 국한된 것은 전혀 아니다. 사람들은 원래는 어떤 동기에 의해서 시작한 많은 무관한 일들을 습관에 의해서 계속한다. 어떤 경우에 사람들은 이런 것들을 의식하지 않으면서 하고 행동한 이후에야 의식하게 된다. 다른 어떤 경우에는 의식적인 의지를 가지고 하지만, 이런 의식은 습관이 된 의식이고 습관의 힘에 의해 작동된 것으로서, 행위자가 만일 숙고해서 선택했다면 그런 선택에 반하는 것으로, 이런 경우의 행동은 악하고 유해한 탐닉의 습관을 가진 경우에 종종 일어나는 것이다. 세 번째 그리고 마지막 경우는 확고한 미덕을 가진 사람이나 의도적으로 그리고 일관되게 어떤 결정된 목적을 추구하는 모든 사람들의 경우에서처럼, 어떤 개별적인 경우에 있어서 습관적인 의지의 행위가 다른 때에도 작용하는 일반적 의도와 모순되지 않을 뿐만 아니라 그런 일반적 의도를 충족시키는 경우이다. 지금까지 논의한 대로, 의지와 욕구의 구별은 진정하고 아주 중요한 심리적 사실이다. 그러나 그 사실은 의지 역시 우리를 구성하는 모든 다른 부분들과 마찬가지로 습관에 의해서 지배를 받는다는 것, 그래서 우리는 습관에 의해서 우리가 더 이상 그 자체로 욕구하지 않는 것을 의지할 수 있거나, 우리가 그것을 의지하기 때문에 욕구할 수 있다는 것만을 보여 줄 뿐이다. 그런 사실이 의지가 원래는 욕구에 의해서, 보다 구체적으로는 욕구에 포함되어 있는 쾌락이라는 끄는 힘과 고통이라는 밀어내는 힘에 의해서 산출되었다는 것이 진실이 아니라는 것을 보여주는 것은 아니다. 이제 올바른 일을 하는 확고한 의지를 가진 사람이 아니라, 유덕하고자 하는 의지가 아직 약하고, 유혹에 정복될 수 있고, 완전히 믿음직하지는 않은 사람을 고려해보자. 어떤 수단에 의해 그 사람이 유덕한 사람이 되고자 하는 의지를 강화시킬 수 있을까? 유덕해지고자 하는 의지가 충분한 힘을 가지고 있지 않는 곳에서 어떻게 유덕해지고자 하는 의지를 심거나 일깨울 수 있을까? 그것은 오직 그 사람이 미덕을 욕구하게 함으로써만, 즉 그가 미덕은 쾌락을 주는 것으로, 미덕의 결핍은 고통을 주는 것으로 생각하게 함으로써만 가능하다. 옳은 일을 하는 것과 쾌락을, 나쁜 일을 하는 것과 고통 사이의 연상관계를 확립함으로써 혹은 미덕에 자연스럽게 내포된 쾌락이나 악덕에 내포된 고통을 그 사람의 경험 속에 끌어내고, 경험에 각인하고, 절실히 느끼게 함으로써만, 쾌락이나 고통을 생각하지 않고도 유덕하게 행동하려는 의지가 함양될 수 있다. 의지는 욕구의 자식인데, 그 부모인 욕구의 지배로부터 벗어나게 되면 습관의 지배를 받게 된다. 어떤 것이 습관의 결과라면 그것은 내재적으로 좋은 것이라 추정할 수 없다. 그리고 만일 사람들의 미덕을 함양하는 쾌락과 고통스런 연상의 영향력이 그것이 습관의 도움을 얻기 전까지는 행동의 항상성을 위해서 믿을 수 없다는 이유가 아니라면, 미덕의 목적이 쾌락과 고통으로부터 독립해야 한다고 바랄 이유가 없다. 감정과 행동 양자 모두에 있어서 습관만이 확실성을 주는 것이다. 올바른 일을 해야 한다는 의지가 이렇게 습관적인 독립성을 가질 수 있도록 함양되어야 하는 이유는 다른 사람들이 그 사람의 감정과 행동을 절대적으로, 그리고 자기가 자기 자신의 감정과 행동을 믿을 수 있는 것이 중요하기 때문이다. 다른 말로 하면, 의지의 이런 상태는 선을 위한 수단이지 내재적으로 선은 아니라는 것이다. 그리고 이것은 어떤 것이 그 자체로 쾌락을 주거나 쾌락을 얻거나 고통을 피하는 수단이 아니라면 그 어느 것도 인간에게 있어서 선이 아니라는 이론을 부정하지 않는다.

그런데 만일 이 이론이 맞는다면 공리주의 원리는 증명된 것이다. 그리고 이제 그것이 그런지 아닌지 하는 것은 사려 깊은 독자의 판단에 맡기도록 하겠다.

제5장

정의와 공리의 관계에 대하여

제5장

정의와 공리의 관계에 대하여

철학이 시작된 이래 사람들이 공리주의가 선과 악의 기준이라는 것을 받아들이는 데 있어서, 가장 큰 장애물로 여긴 것들 중 하나는 정의의 관념으로부터 나온 것이다.[41] 많은 사상가들에게 있어서 정의라는 단어가 본능과 비슷하게 즉각적이고 확실하게 불러일으키는 강력한 감정과, 일견 명백한 지각(perception)은 정의가 사물들에 있어서 내재적인 속성을 지시하는 것으로, 그리고 정의는 자연 속에 절대적인 어떤 것으로서 존재한다는 것을, 즉 정의는 어떤 종류의 편의와도 질적으로 다르고, 장기적으로 볼 때에는 사실상 결코 편의와 분리되지 않는다 하더라도 (이런 사실은 통상적으로 인정되는 것이다), 개념적으로는 편의와 반대되는 절대적인 어떤 것으로서 자연 속에 존재하는 것처럼 보여져 왔다.

41 여기서 문제는 공리주의가 부정의를 요구하는 것처럼, 예를 들어 공리를 극대화하기 위해서 죄 없는 사람을 처벌한다든지 사회적 혜택을 불공정하게 분배하는 등의 부정의를 종종 요구하는 것처럼 보인다는 것이다.

이 경우 우리의 다른 모든 도덕감정들의 경우와 같이, 그 근원(origin)과 그것의 구속력 사이에는 필연적인 연관이 없다. 자연이 어떤 감정을 우리에게 주었다는 것이 그 감정이 발생시키는 모든 것을 필연적으로 정당화하지는 않는다. 정의의 감정은 독특한 감정일 수 있지만 그것은 다른 모든 본능들과 마찬가지로 더 높은 이성에 의해서 통제되고 계몽

되어야 할지 모른다. 만일 우리 인간에게 어떤 특정한 방식으로 행동하게 하는 동물적 본능뿐만 아니라 특정한 방식으로 판단하게 하는 지적인 본능이 있다면 동물적 본능이 지적인 본능보다 실수를 덜 유발할 것이라고 믿을 필연적인 이유는 없다. 동물적 본능이 종종 잘못된 행동들을 유발하는 것처럼, 지적인 본능도 종종 잘못된 판단을 유발할 수 있을 것이다. 그러나 우리가 자연적인 정의의 감정을 가지고 있다고 믿는 것과 그런 감정을 행위의 궁극적인 기준으로 인정하는 것은 별개의 문제이기는 하지만, 사실상 이 두 가지 견해는 아주 긴밀하게 연결되어 있다. 다른 설명방식이 제시되지 않는 경우, 인류는 늘 우리가 가진 주관적 감정이 객관적 실재(reality)를 현시(revelation) 한다고 믿는 경향이 있다. 우리의 당면 목표는 정의의 감정에 상응하는 것으로 여겨지는 실재가 그런 특별한 현시를 필요로 하는 실재인지를 결정하는 것, 즉 어떤 행위의 정의 혹은 부정의라는 속성(quality)이 그 행위의 다른 모든 속성등과는 다른 내재적으로 독특한 속성인지, 아니면 단지 독특한 국면에서 제시된 이들 속성들 중 어떤 것들의 결합에 불과한 것인지를 결정하는 것이다. 이 연구의 목적을 위해서는 정의와 부정의의 감정 그 자체가 우리의 색감이나 입맛과 같이 자체적으로 독자적인 종류의(sui generis) 감정인지, 아니면 다른 것들의 조합에 의해서 형성된 파생적 감정인지를 고려하는 것이 실제적으로 중요하다. 이것을 살펴보는 것이 더욱 더 중요한 이유는 일반적으로 사람들은 정의의 명령과 일반적 편의(general expediency)의 영역의 어떤 부분이 객관적으로 일치한다고 인정하고자 하지만, 주관적인 정의의 감정이 단순한 편의들(simple expediency) 중의 극단적인 경우를 제외하고는 단순한 편의에 수반되는 감정과는 다를 뿐만 아니라 그 요구가 훨씬 더 준엄하기 때문에 정의가 일반적인 공리의 특정한 종류나 부분이라고 보기 어렵고, 정의의 보다 강한 구속력이 편의의 구속력과는 완전히 다른 근원을 가진다고 생각하기 때문이다.

이 질문에 대답하기 위해서는 우리가 도덕적으로 승인하지는 않지만 부정의하다고는 말하지 않는 행동들과 구별되는, 부정의한 행위들의 특징이 무엇인지를, 즉 우리가 부정의하다고 말하는 모든 방식의 행위들에 공통적인 성질들이 존재하는지, 그리고 그런 성질들이 무엇인지를 확정하는 것이 중요하다. (정의도 다른 많은 도덕적 속성처럼 그 반대의 속성에 의해서 가장 잘 규정된다. 즉 정의는 부정의에 의해서 가장 잘 규정된다) 만일 사람들이 일반적으로 정의롭거나 정의롭지 않다고 말하는 모든 것들에서 어떤 하나의 공통된 속성 혹은 속성들의 집합이 언제나 존재한다면, 우리는 그런 특정한 속성이나 속성의 집합이 우리의 감정을 구성하는 일반적 법칙에 의해서 그 독특한 성격과 강도의 감정을 산출할 수 있는지, 혹은 그 감정이 그런 방식으로는 설명될 수 없어서 그 감정이 자연에 의해서 특별히 부여된 것으로 봐야만 할지 결정할 수 있을 것이다. 만일 전자의 경우가 맞는다면, 우리는 이 질문을 해결하면서 우리의 주된 문제도 해결하게 될 것이다. 만일 후자가 맞는다면 우리는 그것을 탐구할 수 있는 다른 방법을 찾아보아야 할 것이다.

다양한 대상들의 공통된 속성을 찾기 위해서 우리는 우선 구체적인 맥락에서 대상들 그 자체를 개관해 봐야 한다. 따라서 보편적인 견해나 널리 받아들여지는 견해에 의해서 정의롭거나 정의롭지 않은 것으로 분류되는 여러 가지 행위들, 그리고 인간사의 여러 가지 경우들을 차례로 살펴보자. 정의 혹은 부정의와 연관된 감정을 불러일으키는 잘 알려진 것들은 아주 다양한 성격을 가지고 있다. 나는 그것들 중 어떤 것을 특별히 연구하지 않고, 그것들을 개관할 것이다.

첫째, 법이 어떤 사람에게 정당하게 인정한 개인적 자유, 재산 등의 것을 그로부터 박탈하는 것은 대부분 부정의한 것으로 간주된다. 따라서 이것이 잘 결정된 의미에서 정의와 부정의가 사용된 한 예이다, 즉 어떤 사람의 법적인 권리를 존중하는 것은 정의롭고, 위반하는 것은 정의롭지 않다는 것이다. 그러나 이 판단은 몇 가지 예외를 인정하는데, 이런 예외들은 정의와 부정의의 관념들이 나타나는 여러 가지 다른 방식으로부터 나오는 것들이다. 그 중의 한 예로 어떤 사람이 법적인 권리를 박탈당한 경우, 그는 그 권리를 법에 의해서 몰수당했을 수도 있다. 우리는 이 경우를 곧 논할 것이다.

두 번째로, 어떤 사람이 법적 권리를 박탈당했을 경우, 그가 박탈당한 법적 권리가 원래부터 그에게 부여되지 말았어야 했던 권리일 수도 있다. 다른 말로 하자면, 그에게 그런 권리를 부여한 법이 악법일 수도 있다. 그것이 그렇거나 (우리의 목적을 위해서는 그 차이가 없지만) 그것이 그렇다고 가정할 때 그 권리를 위반하는 것이 정의로운지 혹은 정의롭지 않은지에 대해서는 의견이 달라질 것이다. 어떤 사람들은 어떤 법이 아무리 나쁘다 하더라도 개별 시민이 법을 준수하지 않아서는 안 되며, 그가 그 법률에 반대해서 그런 의견을 표현해야 한다면, 그 자신이 아니라 법을 개정할 수 있는 권한을 가진 위치에 있는 사람들이 그 법을 개정하도록 노력하는 방식으로 표현되어야 한다고 주장한다. 이런 견해는 인류에 많은 기여를 한 대부분의 사람들 중 많은 사람들을 정의롭지 않은 사람으로 만들 것이고, 그 당시에 존재하는 나쁜 제도들을 폐지하거나 개정할 수 있는 유일한 수단을 부정함으로써 그런 나쁜 제도들을 옹호하는 결과를 낳을 터인데, 이런 견해를 가진 사람들은 편의에 근거해서, 즉 사람들이 법을 준수하고자 하는 감정을 약화시키지 않는 것의 중요성과 인류의 공통 이익에 근거해서 자신의 견해를 방어한다. 이와 완전히 다른 견해를 취하는 사람들도 있는데, 그 중 어떤 사람들은 어떤 법이든 나쁜 법으로 판단되면 비록 그 법이 부정의하지 않고, 다만 편의롭지 않기만 해도 비난 받지 않으면서 그 법을 준수하지 않을 수 있다고 주장하고, 어떤 사람들은 법을 준수하지 않는 것이 허용되는 경우는 부정의한 법에만 한정된다고 주장한다. 그런데 이 경우에도 또 어떤 사람들은 편의롭지 않은 모든 법은 부정의하다고 주장하는데, 그 이유는 모든 법은 인류의 자연적 자유에 대해서 어떤 제한을 가하는데, 그런 제한이 인류의 복리에 도움이 됨으로써 정당화되지 않으면 부정의하기 때문이라는 것이다. 이렇게 사람들이 다양한 의견들을 가지고 있지만, 그들은 보편적으로 다음의 사항들을 인정한다. 법들 중에는 부정의한 법이 있을 수 있고, 따라서 이런 법은 정의의 궁극적 기준이 아니다. 이런 부정의한 법은 어떤 사람에게는 선을 혹은 어떤 사람에게는 악을 부과할 수 있는데, 이것은 정의가 금지한 것이다. 그런데 우리가 이렇게 어떤 법을 부정의하다고 판단할 때, 그 법이 부정의하다는 의미는 우리가 어떤 법을 위반하는 것이 부정의하다는 의미, 즉 어떤 사람의 법적 권리를 침해하는 것이 부정의하다고 말할 때의 의미와 언제나 동일하다. 그렇지만 이 경우에 침해되는 권리는 법적 권리일 수 없기 때문에, 우리는 침해되는 권리를 다른 명칭으로 부르는데, 그런 권리를 도덕적 권리(moral rights)라 부른다. 따라서 두 번째 경우의 부정의는 어떤 사람으로부터 그가 가진 도덕적 권리를 박탈하거나 허용하지 않는 것이다.

셋째, 어떤 사람이 마땅히 받아야 될 것은 그것이 선이거나 악이거나 받는 것이 정의롭고, 어떤 사람이 마땅히 받아서 안 될 것은 그것이 선이거나 악이거나 받게 된다면 부정의 하다고 보편적으로 인정된다. 아마도 이런 형태의 부정의가 일반 사람들에게는 가장 명확하고 가장 강한 감정을 불러일으키는 부정의일 것이다. 이런 정의와 부정의의 관념이 응분의 대우(desert)의 관념을 포함하고 있기 때문에, 응분의 대우가 무엇으로 구성되는가 하는 의문이 제기된다. 일반적으로는 어떤 사람이 옳은 일을 하면 선을, 그른 일을 하면 악을 받는 것이 마땅하다고 이해된다. 그 보다 특정한 의미에서는 어떤 사람이 다른 사람에게 선을 행했을 경우 그 사람으로부터는 선을, 그 사람이 다른 사람에게 악을 행했을 경우에는 그 다름 사람으로부터는 악을 받는 것이 마땅하다고 이해된다. 악을 선으로 갚는 원칙은 정의를 충족하는 경우로 간주되지 않고, 다른 것들을 고려해서 정의의 요구를 양보하는 경우로 이해된다.

넷째로, 우리가 어떤 사람과의 신뢰(faith)를 깨뜨리는 것은 정의롭지 않은데, 신뢰를 깨뜨리는 행동은 어떤 약속을 명시적으로 한 경우든 암시적으로 한 경우이든 그 약속을 깨는 것, 우리 자신의 행동에 의해서 다른 사람들로 하여금 가지게 한 기대, 적어도 우리가 다른 사람들이 그런 기대를 가지게 될 줄 알면서도 자발적으로 그들에게 그런 기대를 가지도록 했을 때, 그런 기대를 좌절시키는 것은 부정의한 것으로 간주된다. 앞에서 말한 정의의 다른 의무들처럼 이런 의무도 절대적인 것이 아니다. 이런 의무들은 그 의무보다 더 강한 정의의 의무에 의해서 면제될 수 있거나, 혹은 관련된 사람이 우리가 그에게 지고 있는 의무를 면제해 줌으로써, 혹은 관련된 사람이 우리로부터 정당하게 기대할 수 있는 혜택을 포기한다는 것을 명백히 보여주는 행동에 의해서 면제될 수 있다.

다섯째로, 편파적인 것은 정의와 상충한다고 보편적으로 인정된다. 편파적인 것은 호의나 편애가 정당하게 적용될 수 없는 문제들과 관련해서, 어떤 사람에게 다른 사람들보다 더 많은 호의와 편애를 보이는 것이다. 그러나 불편부당함은 의무 자체라기보다는 어떤 다른 가치에 대해 도구적인 가치를 가진 것으로 간주되는데, 그 이유는 호의와 편애가 언제나 비난할 수 있는 것은 아니고 사실상 그것들이 비판 받는 경우는 규칙이라기보다는 예외라고 할 수 있기 때문이다. 어떤 사람이 도덕적 의무를 위반하지 않으면서도 그의 가족이나 친구에게 호의와 선호를 베풀 수 있을 때, 그렇게 하지 않는다면 그는 칭찬을 받기보다 오히려 비난을 받을 것이다. 이 사람이 아니라 저 사람을 친구로, 친지로 혹은 동료로 편애해서 선택하는 것을 누구도 부정의하다고 생각하지 않을 것이다. 권리의 문제와 관련해서 불편부당함은 당연한 의무이지만, 그러나 그것은 각자에게 그의 권리를 보장하는 일반적 의무에 포함된 것이다.

예를 들어 재판은 공정해야 하는데 그 이유는 재판은 다른 사항들을 고려하지 않고, 두 명의 소송 당사자 중에 권리를 가진 쪽에 소송의 대상이 되는 것을 주도록 해야 하기 때문이다. 불편부당함이 재판관이나 교육자나 부모나 행정가의 직무로 인해, 응분의 대우에 의해서만 보상과 처벌을 집행하는 것을 의미하는 경우들도 있다. 또 때로는 불편부당함이 공익의 고려에 의해서만 영향을 받아야 하는 것을 의미하는 경우들도 있는데, 공직을 위한 여러 후보들 중에서 공직자를 선발하는 경우가 이와 같은 경우이다. 간략히 말하자면 정의의 의무로서 불편부당함은 문제가 되는 특정한 경우에 영향을 미쳐야 하는 것들만 고려하고, 그 외의 다른 동기들의 유혹에 의해서 흔들려서는 안 된다는 것을 의미한다.

불편부당함의 관념과 밀접한 연상관계를 이루고 있는 것이 평등의 관념인데, 그것은 정의의 관념의 한 구성요소일 뿐만 아니라, 동시에 정의를 실천하는 것의 한 구성요소로써 이해되고, 많은 사람들의 눈에는 정의의 본질을 구성한다. 그러나 다른 경우보다 더 많이 이 경우에 정의의 개념은 사람들마다 다르고, 이런 다른 점은 언제나 그들이 가진 공리의 개념에 상응한다. 모든 사람은 편의가 불평등을 요구하지 않는 영역에서는 평등이 정의의 명령이라고 주장하지만, 그러나 그들 각자는 어떤 영역에서 편의가 불평등을 요구하는지에 대해 견해를 달리한다. 어떤 사람들은 아주 심한 불평등한 권리들을 주장하지만, 그런 불평등한 권리들을 평등하게 보호하는 것이 정의롭다고 주장한다. 그래서 그들은 이론적으로는 노예제 국가에서조차 노예들의 권리는 노예주들의 권리만큼 신성하며, 그런 노예들의 권리를 엄격히 평등하게 집행하지 않는 법정은 부정의한 것이라 주장하지만, 동시에 그들은 노예에게는 거의 어떤 실질적인 권리도 남겨놓지 않은 제도들을 부정의하다고 판단하지 않는데, 그 이유는 그들이 그런 제도를 편의로운 것으로 판단하기 때문이다. 공리가 신분의 구별을 요구한다고 생각하는 사람들은 부와 사회적 특권들이 불평등하게 분배되는 것을 부정의하다고 판단하지 않는다. 그러나 이런 불평등이 편의롭지 않다고 생각하는 사람들은 그런 불평등이 부정의하다고 생각한다. 정부가 필요하다고 생각하는 사람들은 일반 사람들에게는 허용되지 않지만, 정부에 부여된 권력에 의해서 초래되는 불평등을 부정의한 것으로 보지 않는다. 평등주의를 주장하는 사람들에게서조차, 편의에 대한 의견의 다름에 따라 정의에 대한 의견들이 다르다. 어떤 공산주의자들은 공동체의 노동의 산물이 엄격한 평등의 원칙에 의해 분배될 때만 정의롭고, 그 외의 원칙에 의해서 분배되는 것은 정의롭지 않다고 생각한다. 어떤 사람들은 가장 많이 필요한 사람들이 가장 많이 받는 것이 정의롭다고 보고, 또 어떤 사람들은 더 열심히 일한 사람, 혹은 더 많이 생산한 사람, 혹은 그의 서비스가 사회에 더 가치 있는 사람이 생산물의 분배에 있어서 더 많은 분배를 정당하게 주장할 수 있다고 본다. 이런 다른 의견들을 가진 사람들은 각자 자신의 견해가 자연적 정의의 감정에 의해 지지된다고 할 수도 있을 것이다.

정의라는 용어가 애매하게 사용되지 않으면서 다양한 방식으로 적용되는 경우들 중에서, 이런 다양한 적용방식들을 함께 묶어주면서 정의라는 용어가 불러일으키는 도덕적 감정이 기반하는 정신적인 연결고리를 파악하는 것은 대단히 어려운 문제이다. 이런 어려움에 직면해서 그 어원에 근거해서 그 단어의 역사를 살펴보는 것이 도움이 될 수도 있을 것이다.

비록 모든 언어에서 그런 것은 아니지만 대부분의 언어에서 정의에 상응하는 단어의 어원은 실정법(positive law)이나 대부분의 경우에 원시적 형태의 법인 권위 있는 관습과 관련된 근원을 지시한다. 라틴어에서 유스툼(justum)은 유쑴(jussum)의 한 형태인데, 유쑴(jussum)은 명령된 것을 의미한다. 유스(Jus)도 동일한 어원을 가지고 있다. 그리스어 디카이온(Δίκαιον)은 디케(δίκη)에서 나온 것인데, 최소한 그리스의 역사시대에서 디케(δίκη)의 주된 의미는 법정 소송을 의미한다. 사실 그 단어는 원래는 단지 일을 처리하는 방식을 의미하였지만, 아주 초기부터 그 단어는 가부장적, 사법적, 혹은 정치적인 권위자들이 집행하는 일 처리 방식을 의미하게 되었다. 영어의 옳음(right)와 올바른(righteous)이라는 단어가 나온 독일어의 어근 레흐트(recht)도 법과 동의어이다. 사실 레흐트(recht)의 원래 의미는 법을 가리키지 않고 물리적으로 곧은 것을 가리키고, 그름(wrong)과 그것의 라틴어 동의어들은 뒤틀린 혹은 구부러진 것을 의미한다. 이런 사실로부터 어떤 사람들은 옳음이 원래 법을 가리키는 것이 아니라 반대로 법이 옳음을 의미한다고 주장한다. 이것이 사실이든 아니든, 법에 의하여 요구되지 않는 많은 것들도 도덕적 옳음이나 곧음에 동등하게 필요하다 하더라도, 영어의 레흐트(rech)t와 프랑스어 드르와(droit)가 그 의미에서 실정법에 제한되었다는 사실은, 만일 그 파생의 순서가 반대인 것만큼이나 (즉 법이 옳음을 가리키는 것 만큼이나) 도덕적 관념들의 원래적 성격에 관련해서 중요한 것이다. 정의의 법정과 정의의 집행은 법의 법정이며 법의 집행이다. 프랑스어에서 라 쥐스띠스(La Justice)는 사법부를 가리키는 명칭이다. 나는 정의의 관념을 형성하는 데 있어서 모관념(idee mere)은, 즉 원초적 요소는 법에 대한 복종이었다는 것에 대해 의심할 수 없다고 본다. 그것은 기독교가 출현하기 전까지 유대인들에게는 정의의 전부였는데, 자신들의 법이 필요한 모든 주제들을 포괄한다고 믿고, 또한 그 법이 신으로부터 직접 나온 것이라고 믿는 민족에게는 자연스러운 것이었다. 그러나 다른 민족들, 특히 그리스나 로마민족은 법이 원래도 인간에 의해서 만들어졌고, 지금까지도 계속해서 그렇다는 것을 알았기 때문에, 법을 만드는 사람들이 나쁜 법을 만들 수 있고, 만일 개인들이 법의 보호를 받지 않고 행했더라면 부정의하다고 판단되었을 행동을 그들이 동일한 동기를 가지고 할 수 있다는 것을 인정하는 것을 두려워하지 않았다. 그래서 부정의의 감정은 어떤 법이든 위반하는 데 수반하는 것이 아니라, 존재해야만 하는 모든 법(즉 이상적인 법으로서 이런 법은 이미 현실적으로 실정법이 된 것들도 있고, 그렇지 않은 것들도 있다)의 위반에만 수반되게 되었고 만일 실정법 자체가 존재해야만 하는 법(이상적인 법)에 반하는 것이라고 상정된다면 법 자체에 수반되게 되었다.[42] 이런 식으로 법의 관념과 법의 명령이 정의의 관념에 여전히 주된 영향력을 행사하는데, 심지어 실정법이 정의의 기준으로서 이미 받아들여지지 않을 때에도 그러하다.

42 관습에 의해서 정의로운 것과 자연에 의해서 정의로운 것의 구별은 『니코마코스 윤리학』 5권 7장 참조. 여기서의 구별은 정의의 처음 두 가지 영역에 상응한다.

사람들은 법에 의해서 규제되지 않고 있고 법에 의해 규제되는 것이 바람직하지도 않은 많은 것에도 정의의 관념과 정의의 의무들이 적용될 수 있는 것으로 생각한다. 누구도 법률이 사적인 생활의 모든 세세한 데까지 간섭하기를 바라지 않지만, 누구나 사람이 일상의 모든 행동에서 정의롭거나 정의롭지 않을 수도 있고 또 실제로 그렇다고 생각한다. 그런데 여기에서조차 존재해야만 하는 법의 위반이라는 개념이 변형된 형태로나마 여전히 남아있다. 우리가 부정의하다고 판단하는 행동들이 만일 법에 의해서 처벌된다면, 그런 처벌은 우리를 언제나 기쁘게 하고, 우리는 그런 처벌이 응분의 대우라고 만족해 할 것이다. 그렇지만 우리는 우리가 부정의하다고 판단하는 행동들을 법에 의해서 처벌하는 것이 언제나 편의를 산출한다고 생각하지는 않으며, 그렇게 처벌하는 것이 불편의를 초래하기 때문에 그런 만족을 추구하지 않는다. 만일 우리가 관료들에게 개인들의 삶에 대하여 간섭할 수 있는 무제한적인 권력을 두려움 없이 맡길 수만 있다면, 우리는 그들이 사람들에게 정의로운 행동을 강제하고 정의롭지 않은 행동을 금지하는 것을 보면서 기뻐할 것이다. 일상적인 어법에서는, 우리가 어떤 사람이 정의의 요구에 의해서 어떤 것을 해야 한다고 말할 때, 우리는 그가 그것을 하도록 강제되어야 한다고 말한다. 만일 그런 의무가 권력을 가진 누군가에 의해서 강제되는 것을 보게 된다면 우리는 만족을 느낄 것이다. 만일 법에 의한 그런 강제가 불편의를 초래한다면 우리는 그런 법적 강제의 불가능함을 개탄하고, 그런 부정의를 처벌하지 못하는 것을 악으로 간주하고, 그런 부정의를 행한 사람에 대하여 우리 자신이 강한 표현과 공적인 비판을 가함으로써 그런 부정의를 바로 잡으려 할 것이다. 따라서 다양한 변형을 겪기는 했지만 법적인 제약의 개념은 현재 진보된 사회에서도 여전히 정의의 개념을 산출하는 관념이다.

나는 지금까지 제시된 것이 정의의 관념의 기원과 그 발전에 대한 올바른 설명이라고 생각한다. 그러나 우리는 그 설명이 적어도 아직까지는 정의(justice)와 도덕 일반(morality in general)을 구별하는 어떤 기준도 포함하고 있지 않다는 것에 주목해야 한다. 그런데 그것이 그런 이유는 사실 법의 본질인 처벌의 관념이 부정의의 관념뿐만 아니라 모든 종류의 도덕적인 그름의 관념에도 들어있기 때문이다. 우리가 어떤 것을 도덕적으로 그르다고 할 때, 우리는 그 그릇된 짓을 한 사람이 어떤 방식으로든 처벌받아야 한다는 것을, 만일 법에 의해서가 아니면 인간동포들에 의해서, 만일 인간동포들에 의해서가 아니면 그 자신의 양심의 가책에 의해서 처벌받아야 한다는 것을 의미한다. 이 기준이 정의를 포함하는 도덕과 단순한 편의 사이를 실제로 구별하는 기준이다. 의무개념의 요소들 중 하나는 의무란 사람들이 그것을 행하도록 올바르게 강제될 수 있다는 것이다. 의무는 사람에게 빚을 징수하는 것처럼 사람에게 징수할 수 있는 것이다. 만일 우리가 사람으로부터 그것을 징수할 수 없다면 우리는 그것을 의무라고 부르지 않을 것이다. 자기 자신의 장기적 이익을 고려해서 혹은 다른 사람들의 이익을 고려해서 우리가 실제로 그것을 그렇게 징수하는 것에 반대할 수도 있지만, 그런 의무를 지고 있는 사람은 그것을 징수 당하는 것에 대해 불평할 수 없다. 이와 반대로 우리는 사람들이 어떤 것을 행하기를 원하고, 그것을 하기 때문에 그들을 좋아하거나 존경하고, 그것을 하지 않기 때문에 그 사람들을 싫어하거나 경멸하지만, 그들이 그것을 반드시 해야만 하는 것은 아니라고 인정하는 것들이 있다. 이런 경우는 도덕적 의무의 경우가 아니다. 우리는 그들을 비난하지 않는다. 즉 우리는 그들이 적절한 처벌의 대상이라고 생각하지 않는다. 우리가 어떻게 처벌을 받을 만하고 받을 만하지 않는가 하는 관념을 가지게 되었는지는 다음 기회에 다루게 될 것이다. 그러나 나는 이런 구별의 기준이 옳음과 그름의 관념들의 기저에 놓여있다는 것에 대해서는 의문의 여지가 없다고 생각한다. 즉 우리는 어떤 사람이 그가 한 행동 때문에 처벌받아야 한다고 생각할 때에만 어떤 행동을 그르다고 하고, 어떤 일을 한 사람이 그것 때문에 처벌받지 않아야 한다고 생각하면 우리는 그 행동을 그르다고 하지 않고 단지 싫어한다거나 별로 가치가 없다고 말한다. 그리고 우리가 어떤 사람이 어떤 행동을 했을 때 그 사람이 그 행동을 하도록 강제되기를 원할 때에는 그 행동을 옳다고 하고, 단지 그를 그런 식으로 행동하도록 설득하거나 권장하기를 원한다면 우리는 그 행동을 바람직하거나 칭찬받을 만하다고 말한다.

하지만 이런 특징은 편의와 가치있음(worthiness)의 여러 부분들에서 정의와 도덕 일반 양자를 구별하는 특징이기 때문에, 우리는 정의를 도덕의 다른 부분으로부터 구별해주는 특징을 찾아야 한다. 윤리이론가들이 도덕적 의무들을 완전한 의무(perfect obligations)와 불완전한 의무(imperfect obligation)의 두 종류로 나누는 것은 잘 알려져 있는 사실이다. 사실 완전한 의무와 불완전한 의무란 용어는 잘 선택된 용어로 보이지는 않는다. 불완전한 의무는 비록 그 행위가 의무적이기는 하지만 그것을 행할 특별한 기회가 우리의 선택에 맡겨져 있는 의무로, 예를 들자면 자선이나 선행의 경우가 같이 우리가 그런 의무를 행해야 하지만 어떤 특정한 사람이나 어떤 특정한 때에 해야만 하는 것은 아니다. 철학적 법학자의 보다 정확한 용어를 사용하자면 완전한 의무는 그 의무로 인해 어떤 사람이 그에 상관된 권리를 가지게 되는 의무이다. 불완전한 의무는 그런 권리를 발생시키지 않는 의무이다. 나는 이 구별이 정의의 의무와 도덕의 다른 의무들 사이에 있는 구별과 일치한다고 생각한다. 앞에서 정의의 관념이 다양하게 적용되는 방식에 대해서 개관할 때 고찰한 것처럼, 정의란 용어는 개인적 권리의 개념을 포함하는데, 이런 개인적 권리란 법이 사람들에게 소유권 혹은 다른 법적인 권리를 인정할 때 부여하는 사람들의 청구권(claim)이다. 부정의가 어떤 사람의 소유물을 빼앗는 것이나, 그와의 신뢰를 손상하는 것이나, 그가 응당 대우받아야 하는 것보다 못하게 대우한다거나, 그를 그보다 더 강한 권리를 가지고 있지 않은 사람들보다 잘 못 대하거나, 각각의 경우에 그런 추정은 두 가지를 포함하는데, 행해진 잘못과 그런 잘못을 당한 사람이다. 이런 잘못은 어떤 사람을 다른 사람들보다 잘해 줌으로써 저질러질 수도 있다. 그러나 이 경우 잘못은 그의 경쟁자들에게 가해진 것이다. 이런 경우에 있어서의 이런 특징, 즉 도덕적 의무에 상관된 어떤 사람의 권리가 한편으로는 정의와 다른 편으로는 관대함 혹은 선행 사이의 구체적인 차이를 만든다. 정의는 행하는 것이 옳고, 행하지 않는 것이 그를 뿐만 아니라, 어떤 개인이 우리로부터 그의 도덕적 권리로 요구할 수 있는 것이다. 누구도 우리의 관대함이나 선행에 대해서 도덕적 권리를 가지고 있지는 않은데, 그 이유는 우리가 이런 미덕을 어떤 특정한 개인에게 실천하도록 도덕적으로 요구하지 않기 때문이다. 모든 정확한 정의들(definition)이 그런 것처럼, 이 정의에 대해서도, 이 정의와 상충하는 듯이 보이는 예들이 사실은 이런 정의를 뒷받침한다. 왜냐하면 만일 어떤 도덕이론가가 어떤 특정한 개인이 그런 것은 아니지만 인류 일반이 일반적으로 우리가 그들에게 할 수 있는 모든 선에 대한 권리를 가진다고 주장하려고 한다면, 그는 그런 주장에 의해서 관대함과 선행을 정의의 범주 안에 포함시키게 된다. 그 경우 그는 우리는 인간동포들에게 우리가 할 수 있는 최선의 노력을 해야만 할 빚을 지고 있거나, 그런 노력보다 덜한 노력을 하는 것은 사회가 우리에게 해준 것에 대한 충분한 보답이 되지 못한다고 주장해야만 한다. 앞의 경우는 채무이행의 경우이고, 뒤의 경우는 보은(gratitude)의 경우로 분류되는데, 이 양자는 모두 정의의 예들로 인정되는 것이다. 권리가 관련되어 있는 경우는 언제나 정의의 경우이지 선행같은 미덕의 경우가 아니다. 그러나 우리가 구별한 정의와 도덕 일반의 구별을 받아들이지 않는 사람들은 모든 도덕을 정의의 영역으로 끌어들일 것이다.

지금까지는 정의의 관념을 다른 것과 구별하는 특징을 밝히느라 노력해 왔는데, 이제 우리는 정의의 관념에 수반하는 감정이 자연에 의해서 특별히 그것에 결합하게 되었는지 아니면 그 감정이 알려진 법칙들에 의해서 정의의 관념 그 자체로부터 생겨날 수 있었는지, 특히 일반적 편의에 대한 고려에서 기원할 수 있었는지를 탐구할 준비가 되었다.

나는 감정 그 자체는 편의의 관념으로부터도 생겨나지는 않았지만, 그럼에도 불구하고 그 감정 안의 도덕적인 것은 편의의 감정으로부터 생겨났다고 생각한다.

우리는 정의의 감정의 두 가지 본질적인 요소가 해를 끼친 사람을 처벌하고자 하는 욕구와 해를 당한 어떤 특정한 개인이나 개인들이 있다는 믿음이나 인식이라는 것을 보았다.

내가 보기에 어떤 개인에게 해를 끼친 사람을 처벌하고자 하는 욕구는 자기방어의 충동과 공감의 감정이라는 두 가지 감정으로부터 즉각적으로 나온 것인데, 이 두 가지 감정은 가장 자연적이고 본능이거나 본능과 유사한 것이다.

우리 자신이나 우리가 공감을 느끼는 사람들에게 가해졌거나 가해지려고 하는 어떤 상해를 비난하고 물리치거나 보복하려고 하는 것은 자연적이다. 이런 감정의 기원에 관해서는 여기서 논의할 필요는 없다. 그것이 본능이건 아니면 지성의 결과이건, 우리는 그것이 모든 동물들이 공통적으로 가지고 있는 본능이라는 것을 알고 있다. 왜냐하면 모든 동물은 자기나 자기 새끼를 해쳤거나 해치려고 하는 것들을 해치려 하기 때문이다. 이 면에서 인간은 다른 동물들과 단지 다음과 같은 두 가지 점에서만 다르다. 첫째로 다른 점은 인간은 그 새끼들에게만 공감하고, 보다 고등한 동물에서 관찰되는 것처럼 자신들에게 친절한 어떤 고등동물에게만 공감할 수 있는 것이 아니라 모든 인간 그리고 심지어는 고통과 쾌락을 느낄 수 있는 모든 존재들과도 공감할 수 있다는 것이다, 둘째로 다른 점은 인간은 보다 발달된 지성을 가지고 있어서 자기 자신과 관련해서건 다른 존재들과 관련해서건 감정의 영역이 보다 넓다는 것이다. 인간의 탁월한 공감의 영역을 별도로 하고라도, 인간은 높은 지성에 의해 그 자신과 자신이 속한 인간 사회 사이에 이익의 공동체가 존재한다는 것을 이해할 수 있어서, 그 사회의 안전을 위협하는 어떤 행동도 그 자신의 안전을 위협하는 것으로, 그것에 대해 (만일 그것이 본능이라면) 자기방어의 본능을 가질 수 있다. 이런 탁월한 지성이 사람들과 일반적으로 공감할 수 있는 능력과 결합해서, 그 사람으로 하여금 자신을 그의 종족, 그의 국가 혹은 인류라는 집합적 관념에 결부시키고, 그들에게 해가 되는 행위는 그의 공감의 본능을 불러일으켜서 그런 행동에 저항하게 한다.

정의감을 구성하는 요소 중의 하나가 처벌하고자 하는 욕망이라는 점에서 나는 정의감이 지성과 공감의 능력에 의해서 우리에게 사회 전체를 통해시 혹은 사회 전체와 함께 해를 입히는 것에 대한 자연적인 보복 혹은 복수의 감정이라고 생각한다. 이 감정은 그 자체로는 그 안에 도덕적인 것이 없지만, 도덕적인 것은 그 감정이 사회적 공감의 명령을 기다리고 순종하도록 사회적 공감에 완전히 복종한다는 데에 있다. 왜냐하면 자연적 감정은 누군가가 우리에게 불쾌한 일을 하면 그것이 무엇이든 구별하지 않고 비난하게 만드는 경향이 있지만, 사회적 감정에 의해서 도덕화될 때, 그 감정은 일반적 선을 지향하는 방향으로만 활동하게 된다. 그래서 정의로운 사람은 비록 자신에게는 해가 되지 않지만 사회에 해가 되는 것에 대해서는 비난하지만, 어떤 해가 자신에게 아무리 고통스럽다 하더라도 그것을 억제하는 것이 사회와 자신 모두에게 이익이 되지 않는 한 그것에 대해 비난하지 않는다.

그런데 우리의 이런 견해에 반론이 제기될 수 있는데 그 반론은 우리의 정의감이 솟구칠 때, 우리가 사회 전체나 어떤 집단적인 이익을 생각하는 것이 아니라 단지 개인적인 경우만을 고려한다는 것이다. 하지만 이것은 우리의 견해에 대한 반론이 될 수 없다. 칭찬할만한 것이라 할 수는 없지만 우리는 고통을 받으면 자주 분노를 느낀다. 그런데 이런 분노가 진짜로 도덕적 감정인 사람은, 즉 그가 그것을 비난하기 전에 그 행동이 비난을 받을만한지를 고려하는 사람은 비록 그 자신이 사회의 이익을 옹호하는 것이라 스스로 말하지 않는다 하더라도, 자신이 자기 자신 뿐만 아니라 다른 사람들의 이익을 위한 규칙을 주장하고 있다고 확실히 느낄 것이다. 만일 그가 이런 감정을 느끼지 않는다면, 만일 그가 그 행동이 그에게 개인적으로 영향을 미치는 한에서만 그 행동을 고려한다면, 그는 의식적으로 정의로운 것이 아니며 그 자신 그의 행동의 정의로움에 관해서 관심을 가지는 것이 아니다. 공리주의에 반대하는 도덕이론가도 이것을 인정한다. 앞에서 말한대로 칸트가 도덕의 근본원리로서 '모든 이성적 존재가 받아들일 수 있는 법칙에 따라 행동하라'고 했을 때, 칸트는 도덕행위자가 그 행동의 도덕성에 대해 양심적으로 결정할 때 인류 전체의 이익을 집합적으로 혹은 최소한 차별 없이 그 마음 속에서 고려해야 한다는 것을 실질적으로 인정한 것이다. 만약 그렇지 않다면 칸트는 그 용어들을 무의미하게 사용한다고 할 수 있는데, 왜냐하면 칸트는 필연적으로가 아니라 개연적으로라도 모든 이성적 존재들이 완전한 이기적 행동의 규칙을 채택하는 것이 완전히 불가능하거나, 세상의 이치 상 그런 규칙을 받아들일 수 없도록 하는 장애가 있다고 주장할 수 없기 때문이다.[43] 칸트의 원리가 의미를 가지기 위해서는, 우리는 모든 이성적 존재들이 집합적 이익을 증진하기 위해서 채택할 규칙에 의해서, 우리의 행동을 결정해야 한다는 것으로 해석되어야 한다.

43 여기에서 밀은 칸트의 체계에서 의지의 개념의 중요성을 간과하고 있다. 칸트 정식에서 "당신의 행동의 준칙" 앞에 "당신이 의지할 수 있다"가 들어가야 한다. 칸트는 사회가 이기심의 기초 위에서도 작동할 수 있다는 것을 인정하고 있지만, 그런 세상에서는 자신이 다른 사람들로부터 원하는 도움을 받을 수 없기 때문에 그런 세상이 존재하는 것을 의지할 수는 없다고 논증한다. 이 경우 행위자의 의지는 다른 사람들의 이익에 의해서가 아니라 자기 자신의 의지에 의해서 제약되는 것이다. 어떤 면에서는 칸트가 자신의 순수 이성으로부터는 나오지 않는 타인의 이해에 대한 관심 혹은 배려를 이성이나 합리성의 개념 속에 포함시키고 있는 것이라 주장할 수도 있을 것이다.

지금까지의 논의를 요약하자면, 정의의 관념은 두 가지를 상정하는데, 행위의 규칙과 그런 규칙을 강제하는 감정이다. 첫 번째, 행위의 규칙은 모든 인류에게 공통된 것이고 그들의 선을 위한 것이다.[44] 두 번째 정의의 감정은 그런 규칙을 위반하는 사람들은 처벌받아야 한다는 욕구이다. 그 외에 정의의 관념에는 규칙 위반으로 인해 고통 받는 특정한 존재, 다시 말해 (이 경우에 적합한 표현을 쓰자면) 자신의 권리가 침해된 특정한 존재의 개념이 들어있다. 나는 정의감이란 사람이 자기 자신이나 자신이 공감하는 사람들 (궁극적으로 모든 사람들)에 대한 상해나 피해에 대해서 인간의 확장된 공감의 능력과 인간의 지성적인 자기이익의 관념에 의해서 그것을 물리치거나 그것에 대해 보복하고자 하는 동물적 욕구와 같다고 생각한다. 정의감은 인간의 확장된 공감의 능력과 인간의 지성적인 자기이익의 관념으로부터 도덕성을 이끌어내고, 복수하고자 하는 욕구로부터 그 감정 특유의 강렬함과 자기주장의 힘을 이끌어낸다.

44 이 주장은 상대주의자의 정의감은 실제로는 도덕적 감정이 아니라는 것을 함축한다.

나는 지금까지 피해를 입은 사람이 가지고 있고, 그런 피해로 인해 침해된 권리의 개념을 정의의 관념과 정의의 감정의 구성에서 독립적인 요소로서가 아니라, 특정한 사람에게 가해진 상해와 그 것에 대한 처벌이라는 두 개의 요소가 스스로를 포장하는 여러 형태들 중 한 형태인 것으로 취급해 왔다. 나는 우리가 우리 자신의 정신을 잘 분석해보면, 이 두 요소들이 우리가 권리의 위반에 관해서 말할 때 의미하는 모든 것을 포함한다는 것을 보여준다고 생각한다. 우리가 어떤 사람이 무엇에 대해 권리를 가지고 있다고 할 때, 우리는 사회가 법이나 교육과 여론의 힘에 의해 그 사람이 그것을 소유하도록 보호해 주어야 한다고 정당하게 요구할 수 있는 권리가 있음을 의미한다. 만일 우리가 고려하기에 그 사람이 사회가 자신에게 어떤 것을 보장해주어야 한다고 요구할 충분한 근거가 있다면, 우리는 그 사람이 그것에 대한 권리를 가지고 있다고 말할 수 있다. 만일 그 사람이 어떤 것에 대한 권리를 가지고 있지 않다는 것을 입증하고자 한다면, 우리는 사회가 그것을 그 사람에게 보장하기 위한 조치를 취할 필요가 없고, 그저 그것을 그 사람의 운에 맡

기거나 본인의 노력 여하에 따라 결정되도록 내버려두어도 된다는 것을 인정하도록 하기만 하면 된다. 따라서 어떤 사람이 공정한 직업적 경쟁에서 자신의 노력을 통해서 얻을 수 있는 것에 대해서 그가 권리를 가지고 있다고 말할 수 있는데, 왜냐하면 사회는 그 사람이 그런 방식으로 그가 할 수 있는 한 많이 얻고자 노력하는 것을 다른 사람들이 방해하지 못하도록 보호해주어야 하기 때문이다. 그러나 그 사람이 실제로 1년에 300파운드를 번다고 하더라도, 그가 300파운드를 벌 권리를 가진 것은 아닌데, 그 이유는 사회가 그에게 그만한 액수를 보장해주도록 요구되지는 않기 때문이다. 그러나 반대로 그 사람이 3% 이율의 만 파운드 공채(公債)를 가지고 있다면, 그는 그 300파운드에 대한 권리를 가지는데, 그 이유는 사회가 그만한 액수의 수입을 보장해야 할 의무가 있기 때문이다.

그러므로 어떤 것에 대해 권리를 가진다는 것은 내가 그것을 소유할 수 있도록 사회가 나를 보호해주어야 한다는 의미이다. 만일 누군가가 왜 그래야 하는지 묻는다면, 나로서는 일반 공리 이외에 다른 이유를 댈 수 없다. 만일 이런 표현이 그 의무의 강제력에 대한 충분한 느낌을 충분히 전달하지 못하거나, 그 감정의 독특한 에너지를 설명하지 못한다면, 그것은 감정의 구성요소들이 이성적인 요소뿐만 아니라 동물적 요소인 보복을 하고자 하는 갈망도 가지고 있기 때문이다. 이 갈망이 관련된 특별히 중요하고 인상적인 공리로부터 도덕적 정당성뿐만 아니라 강렬함을 도출해낸다. 여기 관련된 이익은 안전(security)에 대한 이해관심으로 이것은 누구에게라도 가장 중요한 관심사다.[45] 거의 세상의 모든 혜택들에 관해서, 어떤 사람들은 그런 것들에 이해관심을 가지지만, 다른 사람들은 그런 것들에 이해관심을 가지지 않는다. 어떤 사람들의 경우에는 이런 것들 중 상당수는 기꺼이 포기할 수 있고 다른 것으로 대체할 수도 있다. 그러나 안전만은 그렇지 않다. 안전이 확보되어야만 악으로부터 우리를 보호할 수 있고, 일시적이거나 잠정적인 것보다 더 가치 있는 모든 것을 얻을 수 있다. 왜냐하면 한 순간 우리 자신보다 더 강한 사람이 나타나 우리에게서 더 항구적인 것을 빼앗아 버린다면, 우리는 그저 일시적이고 순간적인 것에 대해서만 만족을 느낄 수 밖에 없기 때문이다. 안전은 생리적인 욕구를 충족시키는 것 다음으로 우리에게 없어서는 안 될 중요한 것이지만, 그것을 제공하는 기제가 계속 작동하지 않으면 우리는 안전을 누릴 수 없다. 따라서 주변사람들에게 우리의 안전을 확보하는 일에 동참하라고 촉구하는 우리의 요구가 공리에 관련된 보다 일반적인 경우보다 훨씬 더 강렬한 감정을 촉발하기 때문에, (심리학에서 가끔 그렇듯이) 정도의 차이가 실제로는 종류의 차이로 전환된다. 이런 요구는 성격 면에서 절대성, 명백한 무한성, 다른 모든 고려와 조화를 이룰 수 없는 특질을 전제하고 있기 때문에 옳은 감정과 그른 감정, 통상적인 편의와 불편의를 구분해준다. 이런 감정이 너무나 강력하고, 다른 사람들도 그에 상응하는 감정을 가지리라고 분명히 확신하기 때문에, '해야 한다ought, should'가 '반드시 그렇게 해야 한다must'로 변화하고,[46] 물리적 필연성과 유사한 정도의 도덕적 필연성을 띠게 되는 것이다.

45 여기서 밀이 제시하는 도덕의 준수가 안전의 기초라는 논증은 홉스가 『리바이어던』에서 제시했던 논증, 즉 도덕적인 덕이 자기 자신과 사회의 평화와 보전으로 이끈다는 논증을 연상케 한다.

46 즉 도덕이라는 것이 궁극적인 행동의 기준이라는 것인데, 여기서 '궁극적'이라는 것을 칸트적인 용어를 통해 설명하자면 도덕명령이 다른 모든 실천이성들의 명령과 경쟁한다면, 그런 것들을 모두 압도하는 명령이라는 것이다.

만일 위의 분석이나 그와 비슷한 것이 정의라는 관념에 대한 정확한 설명이 될 수 없다면, 만일 정의가 공리와 완전히 무관하고, 인간 정신이 내관(introspection)을 통해서만 인식할 수 있는 그 자체 고유한 종류의 기준이라면, 왜 내부의 신탁이 그렇게 애매하고, 수많은 사안들이 그것들을 보는 방식에 따라 정의롭거나 정의롭지 않다고 보이는지 이해하기 어려울 것이다.

공리주의 원리는 모든 다른 사람들이 다르게 해석하는 불확실한 기준이지만, 정의는 그 자체의 증거를 자체적으로 가지고 있고, 사람들의 변하는 의견으로부터 독립되어 있는, 변하지 않고 제거할 수 없고 실수를 범할 수 없는 명령이기 때문에 정의에서만 확실성을 찾을 수 있다고 자주 주장된다. 이로부터 사람들은 정의의 문제에 관해서는 논쟁의 여지가 없다고 가정할 지도 모른다. 즉 만일 우리가 정의를 우리의 규칙으로 삼는다면, 어떤 주어진 경우에 그것을 적용하는 것은 수학적 증명처럼 우리에게 어떤 의심도 남기지 않을 것이라고 가정할 지 모른다. 그런데 사실은 이와 완전히 다른데, 무엇이 정의로운지에 관해서도 무엇이 사회에 유용한가 하는 것에 관해서 만큼이나 다양한 의견의 차이와 격렬한 논쟁이 존재한다. 서로 다른 민족과 개인들은 정의에 관해 다른 관념을 가질 뿐만 아니라, 동일한 사람의 경우에도 정의는 어떤 하나의 규칙, 원칙, 혹은 준칙이 아니라, 다수의 규칙들이며, 그 규칙들의 명령들이 언제나 일치하지는 않아서, 그들 중 어떤 규칙을 선택하는 가에 있어서 그는 어떤 외부적 기준이나 그 자신의 선호에 의해 이끌린다.

예를 들어, 다른 사람들에게 본보기를 보이기 위해 사람을 처벌하는 것은 정의롭지 않다는 것, 즉 처벌은 처벌 받는 사람의 이익을 위한 것일 때에만 정의롭다고 주장하는 사람들이 있다. 그렇지만 다른 사람들은 정반대의 견해를 주장한다. 즉 사려분별을 할 나이에 이른 사람들의 경우에, 그들 자신의 이익을 위해서 처벌하는 것은 독재이고 부정의한

데, 그 이유는 만일 관련된 문제가 오직 그들 자신에게만 관련된 선이라면 그런 선에 대한 그들 자신의 판단을 통제할 권리를 아무도 가지고 있지 않기 때문이 다.[47] 그러나 그들이 다른 사람들에게 악을 저지르는 것을 막기 위해서 그들을 처벌할 수는 있는데, 이는 정당한 자기방어의 권리를 행사하는 것이기 때문에 처벌할 수 있기 때문이다. 그러나 오웬은 어떤 처벌도 정의롭지 않다고 주장한다.[48] 왜냐하면 범죄자 자신이 자기 자신의 성격을 형성한 것이 아니고, 그가 받은 교육과 그를 둘러싼 환경이 그를 범죄자로 만들었고, 그런 것들에 대해서 그는 책임이 없기 때문이다. 이 모든 견해들은 상당한 개연성을 가지고 있다. 그 질문이 정의의 기저에 깔려있는 원칙들과 그 권위의 근거인 원칙들에까지 내려가지 않고, 단지 정의의 문제로만 논해지는 한, 나는 어떻게 이들 주장 중 어느 것이 논파될 수 있는지 알지 못한다. 진실로 이들 세 가지 입장 중 각자는 진리로 인정되는 정의의 규칙들에 근거하고 있다. 첫 번째 입장과 관련해서, 어떤 사람의 동의 없이 그 사람을 다른 사람들의 이익을 위하여 희생시키는 것이 정의롭지 않다는 것은 널리 인정되는 정의의 규칙이다. 두 번째 입장에 관련해서도, 자기방어는 정의로운 것이고, 다른 사람들이 어떤 사람의 선이라고 판단한 것에 그 사람을 순종하도록 강제하는 것이 부정의하다는 것 역시 널리 인정되는 정의의 규칙이다. 세 번째 오웬주의자들의 입장에 관련해서도, 어떤 사람 자신이 통제할 수 없는 것으로 인해 그 사람을 처벌하는 것은 정의롭지 않다는 것 역시 널리 인정되는 정의의 규칙이다. 각자는 그가 선택한 정의의 다른 규칙들을 고려하도록 강요되지 않는 한 각자 승리를 주장할 수 있다. 그러나 그들의 규칙들이 서로 부딪치게 되면, 각 논쟁자는 다른 논쟁자의 입장을 위해 주장하는 만큼만 자기 자신의 규칙의 정당성을 주장할 수 있다. 아무도 자신의 정의의 관념만큼이나 설득력 있는 다른 사람들의 정의의 관념을 무시하지 않고는, 자기 자신의 정의의 관념을 그대로 유지할 수 없다. 이런 것들이 어려운 점들이다. 이런 것들이 언제나 문제점들로 인식되어 왔고, 그리고 이런 문제점들을 극복하기 보다는 이런 문제들로 부터 도피하기 위해서 많은 장치들이 고안되어 왔다. 우선 세 번째 문제점으로부터 도피하기 위한 해결책으로서, 사람들은 어떤 사람의 의지가 이전 상황의 영향이 없이 완전히 나쁜 상태가 된 것으로 상정하지 않는 한 그 사람을 처벌하는 것을 정당화하지 못한다고 생각해서, 그들은 의지의 자유라는 것을 상상했다. 다른 문제점들로부터 도피하기 위해서 애용되는 장치는 사회계약이라는 허구인데, 어떤 알지 못하는 시기에 사회계약에 의해 사회의 모든 성원들이 법률을 준수할 것을 약속하고 법률을 위반할 경우 처벌받기로 합의함으로써, 그래서 입법자들이 그들 자신의 선이나 사회의 선을 위해 그들을 처벌할 권리를 가지게 되었다는 것이다. 이런 행복한 생각은 모든 문제를 제거하고, 그것에 의해 해를 입게 되는 사람이 동의 한다면 그에게 해를 가하는 것이 부정의하지 않다는 사람들이 널리 인정하는 또 다른 정의의 규칙에 근거해서 처벌을 정당화하는 것으로 생각되어 왔다.[49] 비록 동의가 단순한 허구가 아니라 할지라도, 이 규칙은 다른 규칙들보다 더 우월한 권위를 가지고 있지 않다. 오히려 그것은 이른바 정의의 규칙들이 얼마나 느슨하고 불규칙한 방식으로 생겨났는지를 잘 보여주는 예이다. 이 특정한 규칙은 법정이 법률상의 추정을 보다 세밀하게 하고자 할 때 발생할 수 있는 보다 큰 악을 피하기 위해서 때로는 매우 불확실한 추정에 만족해야만 하는 절박한 요구에 도움을 주고자 법정에서 사용되어 온 것이다. 하지만 법정도 일관되게 그 규칙을 지키지는 않는데, 법정은 사기 그리고 때로는 단순한 실수나 잘못된 정보를 이유로 종종 자발적인 약속도 효력을 갖지 않는 것으로 판결하기 때문이다.

47 이것은 전형적인 자유주의적 주장으로, 밀은 『자유론』에서 이런 견해를 주장한다.

48 로버트 오웬(Robert Owen, 1771-1858)은 영국의 유토피아적 사회주의자이다. 이 맥락에서 중요한 것은 오웬의 결정론인데, 결정론은 사람의 성격은 그 이전의 여러 가지 조건들에 의해서 결정되며 그 사람이 자신의 성격을 형성하는 자유를 가지고 있지 않다는 견해이다.

49 밀은 사회계약론이 순환논증의 오류를 범한다고 본다.

또 다시, 처벌의 정당성이 허용된다고 해도, 적절한 처벌의 정도에 관련해서 얼마나 많은 상충하는 정의의 개념들이 동원되는가? 이 문제에 관련된 어떤 규칙도 눈에는 눈, 이에는 이라는 보복의 원칙같은 원초적이고 자발적인 정의의 관념을 그리 강하게 추천하지는 않는다. 그러나 이런 유대와 이슬람법률의 원칙이 실제 규칙으로서는 유럽에서 일반적으로 포기되었지만, 나는 대부분 사람들이 그것에 대한 은밀한 욕구를 가지고 있다고 생각한다. 범죄자에게 우연히 그의 범죄에 정확히 걸맞는 보복이 가해졌을 때 자연스럽게 분출되는 일반적인 만족의 감정은 범죄에 걸맞는 종류의 보복이 가해져야 한다는 감정이 얼마나 자연스러운지를 증거한다. 많은 사람들에게 형벌집행이 정의로운가 하는 테스트는 처벌이 범죄에 비례해야 한다는 것이다. 즉 (도덕적 잘못을 측정하는 그들의 기준이 무엇이건) 처벌은 범죄자의 도덕적 잘못에 정확하게 비례하는 것이어야 한다는 것이다. 다른 사람들이 그 잘못을 하지 않도록 하기에 필요한 처벌의 양이 어느 정도인가 하는 고려는 정의의 문제와 무관하다는 것이다. 이에 반해 그런 고려가 가장 중요한 것이라고 생각하는 사람들도 있는데, 그들은 적어도 어떤 사람이 그의 죄가 무엇이건 재범을 하지 않도록 하고 다른 사람들이 그런 범죄를 모방하지 않도록 하기 위해서 필요한 최소한의 처벌을 넘어서서 어떤 고통을 가하는 것은 정의롭지 않다고 주장한다.

이미 전에 언급된 주제에 관한 다른 예를 들어보자. 협동산업결사체에서 재능이나 기술을 가진 사람들이 보다 많은 수입을 받는 것이 정의로운가 그렇지 않은가?[50] 이 질문에 부정적인 답변을 하는 측은 어느 사람이 자신이 할 수 있는 한 최선을 다한다면 그가 마땅히 평등하게 잘 대접받아야 하며, 정의의 근거 위에서 자기 자신의 잘못이 아닌 것에 의해서 열등한 위치에 놓여서는 안 되며, 이미 우월한 능력을 가진 사람들은 사회적인 혜택을 더 많이 받지 않더라도, 자신의 우월한 능력 때문에 존경을 받고 개인적 영향력을 가지며 그런 능력들 때문에 개인적인 만족의 원천을 가지고 있다는 면에서 이미 충분한 이상의 혜택을 누리고 있기 때문에, 사회는 정의의 근거 위에서 이런 응분의 대우에 맞지 않는 혜택의 불평등을 악화시키는 것이 아니라 혜택을 덜 받은 사람들에게 보상을 해 주어야 한다고 주장한다. 이와 반대 편의 의견은 다음과 같다. 사회는 보다 생산적인 노동자로부터 보다 많은 것을 얻고, 즉 그의 기여가 보다 유용하기 때문에, 사회는 그에게 보다 많은 보답을 할 빚을 지고 있다. 그런 협동노동의 결과로부터 나온 보다 많은 몫은 실제로는 그의 몫인데, 그런 많은 몫에 대한 그의 권리를 허용하지 않는 것은 일종의 도둑질이다. 만일 그가 다른 사람들이 받는 만큼만 받아야 한다면, 사회가 정의에 근거해서 그에게 요구할 수 있는 것은 그도 다른 사람들 만큼만 생산하고, 그의 우월한 생산성에 비례해서 보다 적은 시간과 노력만을 제공하라는 것이다. 누가 상충하는 정의의 원리들에 대한 이런 이유들 중 어느 것이 옳은 지를 결정할 수 있는가? 정의는 이 경우에 서로 조화될 수 없는 두 측면을 가지고 있고, 두 논쟁자들은 서로 다른 측면을 선택한 것이다. 한 쪽은 개인이 무엇을 받아야 하는 것이 정의인지, 다른 측면은 공동체가 무엇을 주어야 하는 것이 정의인지에 주목한 것이다. 각자의 입장은 그 자신의 관점에서 보자면 논박될 수 없는 것이지만, 정의의 관점에서 보자면 이 둘 중에서 어느 쪽을 선택하느냐 하는 것은 완전히 자의적인 것이다. 사회적 공리만이 그 선호를 결정할 수 있다.

50 이 맥락에서 중요한 것은 오웬의 생산자협동조합(co-operative industrial association)이다, 오웬은 생산자협동조합에 바탕을 둔 공동체를 건설하고자 했는데, 영국에서 작은 규모의 지역공동체 건설에 상당한 정도로 성공을 거둔 후에, 미국으로 가서 보다 큰 규모의 지역공동체를 건설하고자 하였으나 실패한 후 영국으로 돌아왔다. 오웬의 생산자 협동조합은 밀의 사회주의 구상에 큰 영향을 주었는데, 밀은 사회주의를 전면적으로 실시하기 전에 노동자들이 자본과 노동, 기술을 함께 투입하는 일종의 생산 공동체를 시범적으로 실시 할 것을 주장했다.

또 다른 경우를 보자. 세금을 부과할 때 어떻게 하는 것이 가장 정의로운 해결책인지를 둘러싸고 얼마나 많은 대립되는 의견들이 속출하는지 한번 생각해보자. 어떤 사람은 국가에 내는 세금이 각자의 수입에 산술적으로 비례하는 것이 옳다고 주장한다. 그러나 여유가 많은 사람에게 세금을 더 많이 거두는 일종의 누진세가 정의에 부합된다는 의견도 있다. 그런가 하면 자연적 정의의 관점에서 본다면 사람들이 지불할 수 있든지 없든지, 식당이나 술집에서 똑같은 서비스를 받은 사람들이 각자의 형편에 관계없이 똑같은 금액을 지불하듯이, 징수할 수만 있다면 각자가 똑같은 액수를 내는 것이 타당하다는 주장이 강력하게 제기될 수도 있다. 누구든지 법과 국가의 보호를 받고 있고 그것들을 동등하게 필요로 하기 때문에 모든 사람이 같은 가격을 지불한다고 해서 이것을 부정의라고 할 수 없다는 것이다. 다시 말해 가게 주인이 구매자의 지불능력과 상관없이 동일한 물품을 사는 사람들에 대해 동일한 액수의 돈을 받는 것이 정의롭지 않은 것이 아니고 정의로운 것으로 보아야 한다는 것이다. 그러나 이런 생각을 세금 문제에 적용하면, 사람들이 인간동포들에게 가지는 감정이라든지 사회적 편의의 관념과 심하게 상치되기 때문에 동조자를 찾기 어렵다. 그럼에도 이런 생각 밑에 깔려 있는 정의의 원칙은 그런 생각에 반대하는 정의의 원칙들만큼이나 진실하고 구속력을 가지고 있다. 따라서 그 원칙은 세금을 산정하는 다른 방식을 주장하는 사람들에게 암묵적인 영향을 끼치는 것이다. 어떤 사람들은 부자에게 세금을 더 많이 부과하는 것이 정당화되는 이유는 국가가 가난한 사람들보다 부자들에게 더 많은 혜택을 주기 때문이라고 주장한다. 그러나 이것은 사실과 거리가 먼데, 왜냐하면 부자들은 법이나 정부가 없는 상황에서 가난한 사람들보다 자신들을 더 잘 보호할 수 있으며, 가난한 사람들을 노예로 삼을 수도 있기 때문이다. 또 다른 부류의 사람들은 바로 이런 정의관을 바탕으로 해서 (인신은 모든 사람에게 평등한 가치를 가지므로) 인신의 보호를 위해서 모두에게 평등한 세를 부과하는 인두세를 부과하고, 불평등한 재산의 보호를 위해서는 그 재산의 불평등에 따라 세금을 불평등하게 부과해야 한다고 주장하기도 한다. 그러나 한 사람이 가진 모든 것은 그 자신에게는 다른 사람이 가진 모든 것만큼이나 귀중하다는 논리에 근거해서 이런 주장에 대한 비판이 제기되기도 한다. 결국 이런 혼란을 극복하기 위해서는 공리주의에 의존하는 것 외에 다른 길이 없다.

그렇다면 정의와 편의 사이의 차이가 그저 상상의 구별에 불과한 것인가? 정의가 정책(policy)보다 더 신성한 것이며, 정의가 충족된 이후에야 비로소 정책에 관심을 기울여야 한다고 생각해 온 인류는 오랜 동안 착각을 해온 것인가? 결코 그렇지 않다. 지금까지 우리가 제시한 정의감의 성질과 기원에 대한 설명에 의하면 그 둘은 실제로 구분되는 것이다. 그리고 행동의 결과가 그 행동의 도덕성을 결정하는 요소라는 것을 철저히 부정하고 경멸하는 사람들 중 누구도 나만큼 그런 구분에 중요성을 부과하지 않을 것이다. 나는 공리에 기초하지 않은 상상의 정의의 기준을 제시하는 모든 이론들을 반박하지만, 공리에 기초한 정의가 도덕의 가장 중요한 부분이고, 그 어느 부분보다도 더 신성하고 구속력이 강한 부분이라고 생각한다. 정의는 인간의 삶을 인도하는 어떤 규칙보다도 인간의 참된 복리에 더 밀접히 관련되어 있고, 따라서 더 절대적인 구속력을 지닌 종류의 도덕적 규칙들을 가리키는 것이다. 그리고 우리가 정의라는 관념에서 본질적인 것이라고 발견한 것, 즉 개인이 가지고 있는 권리의 개념이 이런 강한 의무를 의미하고 증언한다.

인간 상호간에 (타인의 자유에 대해 부당하게 간섭하는 것도 포함해서) 상해를 가하는 것을 금지하는 도덕 규칙들은, 인간사의 어떤 부분을 잘 관리할 수 있는 최고의 방법을 가르쳐주는 그 어떤 규칙보다-그런 규칙이 아무리 중요하다 하더라도-인간의 복리를 위해 훨씬 더 중요하다. 또한 이런 규칙들은 인류의 사회적 감정의 전부를 결정하는 핵심 요소라는 특이성도 가지고 있다. 사람들이 이런 규칙들을 준수해야만 사람들 사이에 평화가 유지될 수 있다. 만일 그런 규칙들을 준수하는 것이 규칙이 아니고, 그것들을 위반하는 것이 예외가 아니라면, 각자는 다른 사람들을 적으로 생각하고, 자신을 그들로부터 지키기 위해 늘 경계할 것이다. 이에 못지않게 중요한 것은 이런 규칙들이 사람들이 서로에게 가장 강력하고 직접적으로 배양시키고자 하는 동기를 가지고 있는 규칙들이라는 점이다. 사람들은 서로에게 단지 타산적인 교훈을 주는 것을 통해서는 아무것도 얻지 못하거나 아무것도 얻지 못한다고 생각할 것이다. 사람들은 분명히 다른 사람들에게 적극적인 선행의 의무를 배양할 이해관심을 가지지만, 그 정도 면에서 훨씬 약하다. 어떤 사람은 다른 사람들로부터의 혜택을 필요로 하지 않을 수도 있다. 하지민 그는 언제나 다른 사람들이 자기를 해치지 않을 것을 필요로 한다. 따라서 각 개인이 다른 사람들로부터 직접적으로 해를 당하지 않거나 자신의 이익을 자유롭게 추구하는 것을 방해 받는 것을 막아주는 도덕이야말로 그가 가장 마음 속 깊이 관심을 가지는 도덕이고, 말과 행동으로 공표하고 권장하는데 가장 강한 관심을 가지고 있는 도덕이다. 어떤 사람이 인간동포 사회의 일원으로 살기에 적합한지는 그가 이런 규칙을 준수하는 지에 의해서 시험되고 결정된다. 왜냐하면 그 사람이 그와 접촉하는 사람들에게 해가 되는 존재인지 아닌지가 그것에 달려있기 때문이다. 따라서 정의의 의무를 구성하는 것들은 일차적으로 이런 도덕규칙들이다. 가장 현저하게 부정의하고 도덕감의 특징인 분노의 감정을 불러일으키는 행위는 다른 사람에 대한 부당한 공격이나, 다른 사람에게 부당하게 힘을 행사하는 행위이다. 그 다음으로는 어떤 사람이 응당 받아야 할 것을 받지 못하게 하는 행위를 들 수 있다. 이 두 종류의 행위는 그 사람이 직접적으로 고통을 받게 하거나 아니면 그 사람이 물리적이거나 사회적인 근거에서 정당하게 요구할 수 있는 것을 갖지 못하게 함으로써 그 사람에게 실질적인 해를 가한다.

이런 1차적 도덕을 준수하도록 명령하는 강력한 동기가 그것을 위반하는 사람들의 처벌을 명하는 동일한 동기이다. 그리고 그런 위반자들에 대하여 자기 자신을 보호하고자 하는 충동, 다른 사람들을 보호하고자 하는 충동, 복수하고자 하는 충동들이 일어남에 따라, 보복 혹은 따라서 악을 악으로 갚는 것이 정의감과 밀접하게 연결되게 되고, 정의의 관념 속에 보편적으로 포함된다. 또 선을 선으로 갚는 것 역시 정의의 명령 중 하나이다. 이것은 비록 사회적 공리가 분명하고 그 속에 자연스러운 인간적 감정을 담고 있지만, 가장 기본적인 정의 또는 부정의의 경우들 대부분에 들어있으며 정의감의 특징적인 강렬함의 원천인 상해와 처음 보기에는 명백한 관련이 없는 것 같다. 그러나 그런 관련이 덜 명백하기는 하지만, 그렇다고 해서 그런 관련이 덜 실재하는 것은 아니다. 남의 도움을 받고서 그 사람이 도움이 필요할 때 도움을 주지 않는 것은 실제로 해를 주는 행위다. 왜냐하면 그가 그 사람에게 자신이 나중에 신세를 갚을 것이라는 기대를 최소한 암묵적으로 하게 했고-그렇지 않으면 처음에 그 사람이 도움을 주지도 않을 것이다-따라서 아주 자연스럽게 그리고 합당하게 도움을 기대하고 있는 사람을 실망시킴으로써 해를 주는 것이기 때문이다. 인간이 저지르는 수많은 악행 중에서 정당한 기대를 좌절시키는 것이 대단히 중요한 악행이라는 것은, 우정을 배신하는 것과 약속을 지키지 않는 것이 대단히 비도덕적인 행위로 간주된다는 점에서도 잘 드러난다. 인간이 범하는 잘못된 행위들 중에서, 어떤 사람을 전적으로 신뢰하는 것이 습관이 되었는데 정작 도움이 필요한 순간에 그 사람으로부터 도움을 받지 못하는 것 보다 더 크고 쓰라린 해를 주는 경우도 없을 것이다. 이처럼 선에 보답해야 할 때 하지 않는 것보다 더 나쁜 악은 별로 없고, 고통을 당하는 사람이나 그를 공감적으로 바라보는 사람의 입장에서 이것보다 더 분노를 자아내는 것도 없다. 그러므로 각자가 응당 받아야 할 몫을 주어야 한다는 원리, 다시 말해 악은 악으로 선은 선으로 갚아야 한다는 원리는 우리가 지금까지 제시한 정의의 개념 속에 내포되어 있을 뿐 아니라, 정의를 단순한 편의보다 높이 평가하도록 하는 강렬한 감정의 대상이 된다.

세상에서 널리 통용되고, 그 집행을 위해서 통상적으로 근거로 드는 대부분의 정의의 규칙들은 우리가 지금까지 논의해 해 온 정의의 원리들을 실행하는 데 있어서 단순히 도구적 역할을 한다. 사람은 자발적으로 한 일이나, 자발적으로 피할 수 있는 일에 대해서만 책임을 져야 한다는 규칙, 어떤 사람이 어째서 그런 일을 했는지를 들어보지도 않고 책임을 지우는 것은 정의롭지 못하다는 규칙. 처벌은 범죄행위의 죄질에 비례해야 한다는 것 같은 규칙은 '악에는 악으로'라는 정의의 원리가 정당한 이유 없이 나쁜 방향으로 왜곡되는 것을 막기 위해 고안된 것들이다. 이들 통상적인 규칙들의 대부분은 법정의 관행으로부터 유래해서 사용되게 된 것들인 데, 법정은 죄를 지은 자에게 처벌을 가하고 각 개인이 가진 권리를 보호하는 두 가지 기능을 수행하기 위해 자연스럽게 필요한 규칙들을 찾아내고 정교화 할 수 밖에 없기 때문이다.

사법적 미덕의 제1덕목인 불편부당은 정의의 의무들 중 하나인데, 그 이유는 부분적으로는 그것이 정의의 다른 의무들의 충족을 위한 전제조건이기 때문이다. 그러나 그것만이 인간의 여러 의무들 중에서 평등과 불편부당의 규칙이 높은 위치를 차지하는 이유는 아니다. 그런데 어떤 관점에서 보자면, 이런 규칙들은 이미 제시된 원리로부터 추론되어 나온 것으로 생각될 수 있다. 만일 각자에게 응분의 대우를 할 의무가 있다면, 즉 악을 악으로 억제하고 선을 선으로 보상할 의무가 있다면, 이로부터 우리는 우리로부터 평등하게 잘 대접받을 자격이 있는 사람들을 (보다 상위 의무가 금지하지 않는 한) 평등하게 잘 대우해야 하며, 사회는 평등하게 잘 대우받아야 하는 사람들을, 즉 절대적으로 평등하게 잘 대우받아야 하는 사람들을 평등하게 잘 대우해야 한다. 이것이야말로 사회적 정의 그리고 분배적 정의에 관한 최고의 추상적 기준이다. 모든 제도와 모든 유덕한 시민의 노력이 이 기준에 가능한 한 최고의 정도로 수렴될 수 있도록 되어야 한다. 그러나 이 위대한 도덕적 의무는 보다 깊은 기초를 가지고 있는데, 그것은 도덕의 제1 원리에서 직접 나온 것이지, 2차적이거나 파생적인 이론들로부터 추론되어 나오는 것이 아니다. 그것은 바로 공리의 의미, 혹은 최대행복의 원리 속에 함축되어 있다. 공리주의 원리는 어떤 사람의 행복이 (어떤 종류에 있어서 허용된) 정도의 면에서 평등하다고 상정할 때, 그 사람의 행복이 다른 사람의 행복과 정확하게 평등하게 계산되지 않는다면, 아무런 합리적 의미를 가지지 않는 단어들의 나열에 불과하다고 본다. 이런 조건들이 충족될 때 "각 개인은 한 명으로 계산되고 어느 누구도 한 명 이상으로 계산될 수 없다"는 벤담의 언명dictum은 공리주의 원리를 설명하는 주석으로 공리주의 원리 밑에 써 넣을 수 있을 것이다.[51] 도덕 이론가와 입법가들이 볼 때, 일반적으로 모든 사람이 행복에 대한 평등한 권리를 가진다는 것은 행복의 모든 수단에 대해 평등한 권리를 가진다는 것을 의미한다. 이런 규칙은 인간 삶의 불가피한 조건들과 모든 개인의 이익을 포함하는 일반 이익이 제한을 가하지 않는 하에서는 준수되어야 하고, 이 규칙에 대한 제한은 엄격하게 이해되어야 한다. 다른 모든 정의의 규칙들과 마찬가지로 이 규칙 역시 결코 보편적으로 적용되거나 적용될 수 있는 것은 아니다. 오히려 이미 논의한 대로 이 규칙은 각 사람의 사회적 편의라는 관념에 따라 좌우된다. 그러나 이 규칙이 적용될 수 있는 경우에는 어느 경우이든, 그것은 정의의 원리로 받아들여진다. 일부 공인된 사회적 편의 때문에 제한이 불가피한 경우가 아니라면, 모든 사람은 평등한 대우를 받을 권리를 가진다. 그러므로 더 이상 사회적으로 편의를 증진한다고 생각되지 않는 모든 불평등은 단순한 불편의가 아니라 부정의의 성격을 띠게 되고 독재적인 것으로 보여서, 사람들은 그런 불평등을 지금까지 자신들이 어떻게 용인해 왔는지 의아해한다. 그러나 사람들은 쉽게 망각하는 경향이 있어서 지금 자신들이 잘못된 사회적 편의라는 개념 하에서 용인하고 있는 다른 불평등들도 그것이 고쳐진 이후에는 자신들이 마침내 비판할 줄 알게 된 다른 불평등과 마찬가지로 터무니없는 불평등인데 그것을 용인하고 있을 수 있다는 가능성을 잊고는 한다. 사회발전의 역사란 일련의 이행 과정인데, 사회가 존재하기 위해서 일차적으로 필요한 것으로 상정된 관습이나 제도가 보편적인 불의나 폭압으로 인정되어 가는 과정이라 할 수 있다. 노예와 자유인, 지주와 농노, 귀족과 평민의 구별이 그랬는데, 피부색, 인종, 성별에 따른 불평등도 이미 부분적으로는 그렇게 되었고, 앞으로는 그렇게 될 것이다.

51 (저자 주) 사람들 사이에서 완전무결하게 불편부당함을 견지하는 것이 공리주의 철학의 제1원리라고 할 수 있다. 그러나 영국의 철학자 스펜서Herbert Spencer(1820~1903)는 그의 저서《사회정학Social Statics》에서 공리가 권리에 대한 최상의 지침이 될 수 없는 근거를 바로 여기에서 찾는다. 그는 공리주의 원리가 모든 사람은 행복

해질 평등한 권리를 가지고 있다는 선행원리를 전제하고 있다고 생각하기 때문이다. 그러나 더 정확하게 말하자면 공리주의 원리는 같은 사람이 또는 다른 사람이 알든 모르든 상관없이, 동일한 양의 행복이 동일하게 바람직하다는 것을 전제하고 있다. 그런데 이것은 공리주의 원리를 뒷받침하기 위해 필요한 사전 가설이나 전제가 아니고 공리주의 원리 그 자체라고 보아야 한다. 왜냐하면 '행복'과 '바람직하다'는 것이 같은 말이 아니라면 공리주의원리를 설명한 길이 없기 때문이다. 만일 선행 원리가 있다면, 그것은 산술적 진리가 다른 모든 측정 가능한 것들과 마찬가지로 행복을 측정하는 데도 유용하다는 것 외에 다른 것일 수 없다.

스펜서는 나와의 개인적인 의견교환을 통해 자신이 공리주의를 반대하는 것처럼 인식되는 것을 경계하고, 행복이 도덕의 궁극적 목적이라는 사실을 분명히 했다. 그러면서도 스펜서는 행동에 대한 관찰에 바탕을 둔 경험적 일반 이론을 통해서는 그런 목적을 부분적으로만 달성할 수 있을 뿐이고, 어떤 종류의 행동이 필연적으로 행복을 촉진하며, 반대로 어떤 것이 불행을 야기하는가에 대한 연역 (삶의 법칙과 존재의 조건에 입각한 연역이어야 한다)을 통해서만 그 목적을 완벽하게 달성할 수 있다고 생각했다. '필연적'이라는 단어만 뺀다면 나는 그의 생각을 다 받아들일 수 있다. (그리고 역시 그 단어만 제외한다면) 오늘날 공리주의를 지지하는 그 어떤 사람도 그와 생각이 다르지 않을 것이다. 스펜서는 그의 책에서 특히 벤담에 주목하고 있는데, 벤담이야말로 인간 본성의 법칙과 인간 존재의 보편적 조건에 입각해서 행동이 행복에 미치는 경향성을 연역해내는 것을 결코 꺼리지 않았다. 스펜서는 공리주의자들이 특수한 경험을 통해 일반론을 이끌어 낸다고 지적하지만, 벤담은 그런 작업을 전적으로 거부하면서 오히려 스펜서식의 연역에만 일방적으로 의존했는데, 바로 그런 이유 때문에 많은 사람들이 벤담을 비판한다는 것을 알아야 한다. 내 생각으로는 (그리고 내 기억이 옳다면 스펜서 역시 같은 생각인데) 다른 모든 과학적 연구 분야와 마찬가지로 윤리학에서도 어떤 일반 명제가 과학적 증명을 충족시킬 만큼 충분한 근거를 얻어내자면 이 두 과정을 통해 서로 도움을 주고받는 것이 필수적이다.

지금까지의 논의로부터 정의란 어떤 종류의 도덕적 의무들을 가리키는 이름인데, 이들 의무들은 집합적으로 보았을 때, 사회적 공리의 척도에서 아주 높은 위치를 차지하고, 따라서 다른 의무들보다 더 중요한 의무들이라 할 수 있다. 그러나 다른 사회적 의무를 행하는 것이 무엇보다 중요해서 정의의 준칙들 중 어떤 것을 무시해야 하는 특정한 상황이 생길 수도 있다. 그래서 어떤 사람의 목숨을 살리기 위해서 어쩔 수 없다면 힘으로라도 필요한 양식이나 약을 구하거나 훔치는 것 또는 병을 치료할 수 있는 단 한 사람의 자격 있는 의료인을 납치해서 강제로라도 환자를 돌보게 하는 것이 허용될 수 있을 뿐 아니라 의무일 수도 있다. 우리는 덕이 아닌 것은 정의라고 부르지 않기 때문에, 이런 경우에 우리는 보통 정의가 어떤 다른 도덕적 원리 때문에 포기되어야 하는 것이 아니라, 보통 상황에서는 정의로운 것이 다른 도덕적 원리 때문에 이 상황에서는 정의롭지 않다고 말한다. 이런 언어의 유용한 용법을 이용한다면 우리는 칭찬할 만한 부정의가 존재한다고 주장할 필요가 없으며, 정의가 다른 모든 기준들에 선행하는 궁극적인 기준이라는 주장을 견지할 수 있다.

나는 지금까지 논의된 고려사항들이 공리주의 이론이 당면한 유일한 실제적 어려움을 해소해줄 수 있다고 생각한다. 정의의 모든 경우가 또한 편의의 경우라는 것은 늘 명백하다. 다만 이 둘의 차이는 편의와 구별되는 정의에 수반되는 특별한 감정에 있다. 만일 이런 특징적 감정이 충분히 설명되고, 이런 감정을 위하여 어떤 기원의 특별함을 가정할 필요가 없고, 그런 감정이 사회적 선의 요구와 같아지도록 도덕화된 자연적 감정이라면, 그리고 이런 느낌이 정의의 관념에 상응하는 모든 경우에 존재할 뿐 아니라 반드시 존재해야만 한다면, 이 정의라는 관념은 더 이상 공리주의 도덕에 걸림돌로 작용하지 않는다. 정의는 어떤 사회적 공리들에 대한 적절한 명칭이다. 그런데 정의가 보호하는 이런 종류의 사회적 공리들은 다른 종류의 사회적 공리들보다 훨씬 더 중요하며 따라서 더욱 절대적이고 당위적이다. (때때로 어떤 특별한 상황에서는 반드시 그렇지 않을 수도 있다). 따라서 정의가 보호하는 사회적 공리들에는, 정도면에서만 다른 것이 아니라 종류면에서도 다른 감정들이 자연스럽게 수반하게 되고 그래야만 한다. 이 정의감은 그 명령의 보다 단호한 성격과 그 제재의 보다 엄격한 성격에 의해서 인간의 쾌락이나 편의의 증진이라는 관념에 수반되는 온화한 감정과는 즉각적으로 그리고 확실하게 구분된다.

해제

Ⅰ. 공리주의의 선구자: 벤담

Ⅱ. 공리주의의 완성자: 밀

Ⅲ. 『공리주의』 내용분석

해제

Ⅰ. 공리주의의 선구자: 벤담

'최대다수의 최대행복'이라는 구호로 잘 알려져 있는 공리주의의 기원은 더 오래 거슬러 올라갈 수 있지만, 근대에 이르러 공리주의를 주창한 선구자는 제레미 벤담(1748-1832)이라 할 수 있다. 벤담은 당시의 법적, 정치적, 경제적 제도들이 인류의 발전을 가로막는 주요 장애물이라 생각해서 이런 당시의 제도들을 개혁하고자 했다. 그러기 위해서 그는 기존의 법, 정치, 경제 제도들을 평가하고 개혁의 방향을 제시해 줄 '도덕과 입법의 원리'가 필요하다고 생각했지만 당시에 권위를 떨치던 자연법 이론이나 영국의 보통법은 그런 원리가 될 수 없다고 평가하고, 공리주의 원리가 그런 개혁을 위한 원리가 되어야 한다고 주장했다. 벤담에 의하면 공리주의는 '모든 사람들의 행복을 평등하게 고려했을 때, 우리의 행동이나 사회제도에 의해서 영향 받는 사람들의 행복을 극대화하'한다는 도덕적 행동과 입법의 원리이다. 이런 공리주의 원리에 기초해서 벤담은 당시의 제도들 중 여성들의 정치참여를 금지하는 제도 등은 폐지되어야 하고, 빈민구호나 대의제 민주주의 등의 제도들은 신설되거나 보강되어야 한다고 주장했다. 벤담의 공리주의는 빅토리아 여왕 시대 영국의 진보적 사회개혁사상의 원천이었으며, 19세기 초에 이미 그의 영향력은 영국을 넘어 유럽, 인도, 남미 등에까지도 미쳤고, 그 영향력은 긍정적이든 부정적이든 지금까지도 계속되고 있다.

벤담의 공리주의 원리를 분석해 보자면, 공리주의 원리는 두 가지 요소로 이루어져 있는데, 하나는 결과주의(consequentialism)의 요소이고 다른 하나는 내재적 가치(intrinsic value)의 요소이다. 결과주의란 어떤 정책이나 제도, 혹은 행위의 옳고 그름은 오직 그것이 산출하는 결과의 좋고 나쁨에 달려있다는 견해이다. 즉 어떤 제도가 좋은 결과를 산출한다면 그 제도는 좋고 어떤 제도가 나쁜 결과를 산출한다면 그 제도는 나쁜 제도라는 것이다. 내재적 가치란 우리에게 수단으로서가 아니라, 그 자체로서 좋은 것으로서, 이런 내재적 가치가 결과를 평가하는 근본적인 기초가 된다.

벤담은 결과주의를 자명한 것으로 받아들였기에 그것을 위해서는 논증하지 않았고, 내재적 가치가 무엇인지에 관한 이론만을 제시했는데, 그에 의하면 우리 인간에게 내재적으로 가치를 갖는 것은 쾌락이고, 내재적으로 부정적인 가치를 갖는 것은 불쾌 혹은 고통이다. 내재적 가치는 쾌락 뿐이라는 견해를 쾌락주의(hedonism)라고 하는데, 여기서 하나 주의할 것은 쾌락주의는 내재적 가치에 관한 이론이지 우리가 통상적으로 말하는 향락주의와는 다른 것이어서, 내재적 가치에 관한 쾌락주의로부터 일시적인 향락을 추구하며 살라는 향락주의가 논리적으로 도출되지 않는다. 그런데 벤담은 내재적 가치로서 모든 쾌락들은 질적으로는 동질적이고 오직 양적인 차이만이 존재한다고 주장하기 때문에 그의 견해를 양적 쾌락주의라 부른다. 따라서 벤담에 의하면 쾌락은 질이 아니라 양으로만 측정이 되기 때문에 그는 어떤 어린이 놀이가 고급예술보다 많은 쾌락을 주면 그런 놀이가 고급예술보다 더 좋은 것, 혹은 더 가치 있는 것이라 주장했다. 이처럼 벤담의 공리주의 이론은 양적 쾌락주의와 결과주의가 결합한 것이기에 그의 공리주의 이론을 양적 공리주의라고 부른다.

일반적으로 도덕에 관한 이론은 인간행동의 동기에 관한 이론을 포함하는데, 벤담은 홉스를 따라 인간은 이기적인 동기에 의해서만 행동한다는 이른바 '심리적 이기주의'를 주장했다. 그런데 이런 심리적 이기주의 이론이 맞는다면 인간은 자발적으로 타인의 이익을 추구하지 않으므로, 사회에서 다른 사람들의 이익을 보호하기 위해 존재하는 법이나 도덕을 지키게 하기 위해서는 개인의 자발적인 내적인 동기에 의존해서는 안되며, 처벌같이 강력한 외적 제재에 의존해야만 한다는 함축이 따른다.

도덕에 관한 이론은 또한 인식론적인 요소를 포함하는데, 이런 인식론적 요소는 도덕적 주장 혹은 법적 주장 등이 어떻게 정당화될 수 있는가 하는 문제를 포함한다. 벤담은 철저한 경험주의자로서 도덕적 주장이 의미를 가지기 위해서는 경험적으로 관찰가능한 언어에 의해서 표현되어야 한다고 주장했다. 그래서 그는 근대 자연법 이론가들에 의해서 사용된 개념이며 용어인 '자연권', 혹은 '인권' 등의 개념 등이 관찰가능한 경험적 근거를 가지고 있지 않기 때문에 그 자체로서는 무의미하다고 주장했다.

벤담의 윤리이론은 많은 비판을 받았는데, 그런 비판들 중 대표적인 것 세 개를 들어본다면 다음과 같다. (1) 벤담의 양적 공리주의는 돼지에게나 어울리는 저급한 도덕이다. (2) 벤담은 인간의 도덕행위를 촉진하기 위한 제재로서 외적인 제재수단, 구체적으로는 법률을 통한 처벌에 중점을 두었다. 즉 벤담은 도덕의 영역에서도 사람들의 자율적 규제가 아니라 타율적인 규제를 강조함으로써, 법과 구분되는 도덕의 독자성을 인정하지 않았다 (3) 벤담의 공리주의는 근대 계몽주의 시대 이후 우리의 도덕생활에서 중요한 역할을 하는 인권과 같은 '권리'를 헛소리라고 평가절하함으로써, 우리의 일상적인 도덕적 사유에서 '권리'의 이론적, 실천적 중요성을 수용하지 못한다.

Ⅱ. 존 스튜어트 밀

존 스튜어트 밀(1806-1873)은 벤담의 친구이자 그 자신 공리주의자였던 자신의 아버지인 제임스 밀에 의해서 벤담을 잇는 차세대 공리주의의 지도자로 양성되었는데, 그의 교육은 천재교육의 대표적인 예이다. 그는 3살 때 그리스어를, 8살 때 라틴어를 배우고 대부분의 서양고전들을 10살 무렵에 섭렵하고, 12살 무렵부터는 법학 및 경제학 등의 학문을 습득한 천재였다. 그는 자신이 아버지의 서재에서 공부만 했기 때문에, 자기 또래의 소년을 처음 본 것이 열두살 때였다고 그의 자서전에서 밝히고 있다.

밀은 철학윤리학 분야에서 대표적인 공리주의자일 뿐만 아니라 다른 학문분야에서도 영국을 대표하는 학자였고 행정가이며 정치가이기도 하였다. 철학분야에서 밀은 『공리주의』 외에도, 『여성의 예종』, 『자유론』, 『대의정부론』, 『사회주의론』, 『논리학의 체계』 등의 저서 등을 통해 19세기 영어권에서 가장 포괄적이고 체계적인 이론을 구축한 최고의 철학자로, 정치경제학 분야에서는 『정치경제학의 원리』를 통해 당대의 대가로 인정되었다. 밀은 학자일 뿐만 아니라 영국정부를 대신해서 인도를 통치한 동인도 회사의 고위직에 오른 행정가였고 국회의원으로 선출되어 활동하였으며, 평생 동안 계급의 평등과 남성과 여성의 평등을 옹호하는 사회개혁가였다.

밀의 이력에서 특기할 만한 것은 그가 스무살 무렵에 겪은 '정신적 위기'이다. 이런 '정신적 위기'는 밀이 받은 천재교육 때문에 발생했는데, 스무살 무렵까지 그가 공부한 것은 철학과 경험과학 등 인간 이성을 발달시키는 것이었다. 그래서 그는 어린 시절에 또래의 어린 친구와 같이 어울린 기억도 없었고, 이성을 사귀어 본 적도 없고, 예술을 가까이 한 적도 없었다. '정신적 위기'를 겪으면서 그는 자신이 지금까지 추구해 온 학문이나 공리주의에 대한 정열을 잃게 되었는데, 영국의 낭만주의 시인인 워즈워드와 콜러리지를 읽으면서 이런 '정신적 위기'에서 회복하게 된다. 밀은 이런 예술체험을 통하여 그가 지금까지 이해하지 못했던 예술과 감정의 세계를 알게 되고, 이런 예술적 경험이 그를 벤담보다 훨씬 더 풍부한 철학자이며 공리주의자로 만들었다고 평가된다.

자신의 다양한 체험에 기반해서, 밀은 1861년에 출판된 『공리주의』에서 벤담의 공리주의를 수정 발전시켜 보다 적절한 공리주의 이론을 만들고자 하였다. 밀은 벤담의 공리주의에 제기된 위의 세 가지 비판에 응답하면서, 벤담의 공리주의를 수정발전 시키고자 하였다. (1)과 관련해서 밀은 인간은 동물과 비교할 때 보다 높은 정신능력을 가지고 있는데, 우리의 정신능력 중에서 낮은 정신능력이 아니라 보다 높은 정신적 능력을 만족시키는 쾌락이 낮은 정신능력을 만족시키는 쾌락보다 우월하므로, 벤담의 양적 공리주의와 달리 쾌락의 질을 고려해야 한다고 주장한다. 밀에 의하면, 우리 인간들에게 있어서 동물도 느낄 수 있는 감각적인 쾌락이 아니라 우리 인간들만이 누릴 수 있는 정신적인 쾌락이, 그리고 이런 정신적인 쾌락들 중에서도 단순한 놀이보다 예를 들어 고급예술인 시를 향유하는 등의 쾌락이 우리가 양쪽의 쾌락들을 모두 경험해보고 잘 이해할 때 선호하는 쾌락이다. (2)와 관련해서, 밀은 도덕의 영역에서 외적인 제재도 필요하지만, 내적인 제재가 더 중요하며, 이런 내적인 제재를 하는 것이 양심이라고 말한다. 밀에 의하면 양심은 의무를 수행하고자 하는 감정과 밀접히 연결되어 있고, 이는 인류동포와 조화를 이루고자 하는 감정과 밀접히 연결되어 있는데, 공리주의 역시 이런 우리의 자연적인 감정인 양심에 기초를 두고 있기 때문에 공리주의는 법과 구분되는 도덕의 본질을 인정하고 옹호하는 이론이라는 것이다. (3)과 관련해서, 밀은 '권리'는 인류의 가장 근원적인 이익인 안전을 보장하는 것이고, 공리주의는 인류의 근원적인 이익을 보호하고 증진하고자 하는 이론이기 때문에 공리주의야말로 우리의 도덕적 생활의 중요 요소인 권리를 경험적으로 수립된 기초 위에서 잘 옹호한다고 주장한다.

Ⅲ. 『공리주의』 내용분석

밀은 『공리주의』에서 벤담의 공리주의를 수정 발전시키려는 목적을 넘어서서, 공리주의가 서양윤리사상들이 지금까지 추구해오던 도덕의 기초에 대한 지향점이라는 것을 밝히고자 한다. 즉 그는 공리주의가 서양윤리학의 암묵적인 기초였으며, 사실은 도달해야 할 지점이라는 것을 입증하고자 한다. 그러기 위해서 밀은 다양한 서양윤리학 이론들의 관점에서 제시될 수 있는 공리주의에 대한 비판이나 반론을 명시하고 그에 대한 응답을 제시하는데, 아래에 이런 논증의 구조를 분석해 놓았다.

제1장 서론

철학이 시작된 지 2천년이 지난 지금에도, 윤리학 분야에서 궁극적인 도덕의 원리가 무엇인가에 관한 질문은 여전히 논쟁거리로 남아있다. 물리학, 수학 같은 과학에서도 궁극적인 원리가 무엇인지에 관한 의견의 불일치가 있기는 하지만 그런 분야에서 그런 의견의 불일치는 실제적으로는 그리 중요하지 않다. 그런데 윤리학에서 의견의 불일치를 해소하는 데 있어서 인간의 자연적인 도덕적 감관이 있다는 견해나 직관주의는 도움이 되지 않는다.

그렇지만 사람들은 언제나 행복에 관심을 가지기 때문에 공리주의 혹은 최대행복의 원리는 비록 명시적으로 인정되어 오지는 않았지만 우리들의 도덕적 믿음에 암묵적으로 중요한 영향을 끼쳐왔다. 이것은 공리주의를 철저히 배격하는 의무주의 윤리학자인 칸트의 경우에도 사실이다.

저자인 밀은 우선 공리주의가 무엇을 의미하는지 설명한 후에 공리주의를 지지하는 이유들을 제시하고자 하는데, 이러한 이유들은 공리주의 원리를 증명하는 것과 다름이 없다고 한다. 밀에 의하면 이런 증명은 통상적인 의미에서 증명이라고 할 수는 없지만, 수단이 아닌 어떤 목적에 대한 것을 직접적으로 증명하는 것은 불가능하기 때문에, 보다 넓은 의미의 증명개념에 따라 공리주의가 증명되었다고 할 수 있다고 주장한다.

제2장. 공리주의란 무엇인가

공리는 쾌락과 반대되는 의미에서 유용한 것이 아니라 공리는 쾌락이다. 따라서 공리주의는 쾌락에 반대되는 것으로 비판되거나 찬양될 수 없다. 공리주의는 내재적으로 가치있는 것이 무엇인지에 관해 쾌락주의적 입장을 취하는 데, 쾌락주의란 쾌락의 향유와 고통의 감소가 유일하게 좋은 것이라는 견해이다. 이런 쾌락주의에 근거할 때, 공리주의 도덕기준에 대한 정식은 올바른 행위는 불행(고통)에 대한 행복(쾌락)의 최선의 균형을 산출하는 행동이라는 것이다. 따라서 가능한한 불행을 줄이고 행복은 늘리라는 것이다.

어떤 비판가들은 쾌락주의적 공리주의는 쾌락 외에는 내재적인 가치가 없다고 주장하기 때문에 돼지에게나 어울리는 철학이라 비판한다. 그러나 공리주의자들은 인간이 높은 정신적 능력을 가지고 있기 때문에 돼지의 쾌락을 넘어서는 상위의 쾌락을 경험할 수 있다고 주장한다. 이런 쾌락은 지적인 쾌락, 도덕적인 쾌락, 그리고 다른 감정의 쾌락을 포함한다. 공리주의자들은 이런 쾌락들이 보다 항구적이라는 등의 이유에서만이 아니라 그것들의 높은 질 때문에 보다 가치 있다고 주장할 수 있다. 상위의 쾌락은 하위의 쾌락의 양이 얼마나 많건 간에 그 양자를 경험한 사람들에 의해 언제나 선호되는데, 그것은 그런 쾌락이 인간의 존엄성과 연결되어 있기 때문이다. 이와 같이 행복은 만족과 다른 것이다.

이런 공리주의의 응답에 대한 재반론이 있을 수 있는 데, 양쪽을 모두 경험한 사람들 중 어떤 사람들은 때때로 하위의 쾌락을 선택한다는 것이다. 이런 반론에 대하여 공리주의자들은 그런 선택이 그들 자신이 판단하기에 가치가 적은 쾌락을 선택하는 것을 안다는 것과 양립가능하다고 주장한다. 공리주의에 대한 다른 반론으로는 어떤 사람들은 상위의 쾌락에 대한 열정을 잃어버린다는 것이다. 하지만 공리주의자들은 이런 반론에 대해서도 그들이 그렇게 선택하는 이유는 그들이 처한 상황에 의해서 상위의 쾌락을 누릴 능력을 이미 상실했기 때문이라고 응답할 수 있다. 따라서 공리주의자들은 상위의 쾌락과 하위의 쾌락을 경험한 사람들 중에서 상위의 쾌락을 여전히 즐길 수 있는 사람들은 언제나 상위의 쾌락을 선호할 것이라고 주장한다. 즉 공리주의에 의하면 인간행동의 궁극적 목적은 능력있는 심판자들에 의해 평가되는 고통에 대한 쾌락의 최대의 균형인데, 이것이 인간행동의 목적이기에 그것은 또한 도덕의 목적이고, 도덕은 그런 목적을 증진하기 위한 규칙들로 이루어진다는 것이다.

공리주의에 대해서 인간이 행복을 얻을 수 없다는 반론과 사람들은 행복을 포기해야만 유덕한 사람이 될 수 있다는 반론이 제기되어 왔다. 행복을 얻을 수 없다는 반론에 대한 공리주의의 응답은 비록 행복을 얻을 수 없다 하더라도 고통을 감소시키기 위한 행위는 가치가 있으며, 계속적으로 즐거운 흥분은 불가능하지만 보다 넓은 의미의 행복은 가능하다는 것이다. 행복이 인간행동의 목적이라면 인간은 적은 양의 행복에 만족하지 않을 것이라는 반론에 대해서 공리주의자들은 역사적으로 보자면 많은 사람들은 그것보다 적은 양의 행복에도 만족해 왔는데, 사실 행복의 개념은 평정과 흥분 양자를 포함하는데, 이것이 적절히 조화된다면 적은 양의 행복으로도 인간은 만족할 수 있다고 응답한다. 공리주의자들에 의하면 오히려 인간의 불행의 주요원인은 이기심과 정신의 미계발인데, 이런 정신계발은 문명화된 사회에서 광범위하게 확산될 수 있으며 사람들은 반드시 이기적일 필요가 없기 때문에 만일 인간사가 계속적으로 향상된다면 세상의 악은 아주 많이 감소하게 된다는 것이다.

우리 인간이 고귀해지기 위해서는 행복을 포기해야 한다는 반론에 대해서, 공리주의자들은 영웅이나 성인들이 그랬던 것처럼 행복을 포기할 수 있지만, 영웅이나 성인들의 이런 행위가 존경스러운 것은 그들이 다른 사람들의 행복을 위해서 자신들의 행복을 포기했기 때문이라고 응답한다. 그래서 공리주의자들은 언제나 다른 사람들의 행복을 위한 자기희생만을 찬양한다. 그렇지만 행복을 성취하기 어려운 불완전한 현재의 세상에서는 행복을 추구하지 않고 살아가고자 하는 자세가 행복을 성취하기 위한 최선의 길일 수도 있다. 하지만 보다 적극적으로 행복을 성취하기 용이한 세계로 만들 수 있을 터인데, 그러기 위해서 공리주의는 행위자가 그 자신의 행복과 다른 사람들의 행복 사이에서 불편부당할 것을 요구한다. 그리고 이런 공리주의 이상에 도달하기 위해서 사회의 법들은 개인의 행복의 추구와 전체 행복의 추구가 가능한 한 근접하도록 만들어야 하고, 교육과 사회적 여론은 각 행위자의 마음 속에서 양자 간의 긴밀한 연상관계를 확립해야 한다.

행위자들로 하여금 불편부당하게 사고하고 행동해야 한다는 공리주의의 요구가 지나치다는 반론, 즉 행위자가 언제나 모든 사람들의 행복을 추구하도록 행동해야 한다는 공리주의의 요구가 너무 지나치다는 반론이 있다. 공리주의자들은 이런 반론에 대해서 두 단계로 응답을 한다. 첫 단계로, 공리주의가 우선적으로 추구하는 것은 행위자의 인격에 대한 판단이 아니라, 행위 그 자체의 도덕성을 판단하는 데 있는데, 그런 행동의 도덕성을 판단하는 데 있어서 동기는 직접적으로는 관련이 없다. 둘째 단계로, 공리주의는 세계의 대부분의 행위자들의 경우에는 인류 전체의 이익이 아니라 일부의 사람들만을 배려해서 행동할 것 만을 요구하며, 세상에 큰 영향을 미칠 수 있는 사람들의 경우에만 전체 사회의 일반적 행복을 생각하면서 사고하고 행동할 것을 요구한다.

공리주의가 사람을 냉정하게 만든다는, 즉 공리주의는 행위자로 하여금 행위를 할 때 공리를 계산하도록 요구하기 때문에 사람들 상호간의 도덕적 감정을 냉정하게 만든다는 반론이 있다. 이런 반론에 대하여 공리주의자들은 공리주의가 다른 모든 도덕들과 마찬가지로 행위자의 인격과 행위를 독립적으로 판단한다고 응답한다. 즉 공리주의 도덕판단의 가장 중요한 대상은 행위자의 인격이 아니라 행위자의 행위라는 것이다. 그렇지만 공리주의가 미덕이 불필요하다고 주장하는 것은 아닌데, 공리주의자들은 도덕적으로 올바른 행동이 행위자의 미덕을 혹은 도덕적으로 잘못된 행동이 행위자의 부덕을 언제나 드러낸다고 생각하지는 않지만, 공리주의자들은 올바른 행동과 미덕 사이에는 강한 연관성이 있다고 믿기 때문이다.

만일 공리주의에 대한 위의 반론이 일부 공리주의자들이 행위자의 인격에 충분한 주의를 기울이지 않는다는 것이라면 그 비판은 받아들일 수 있지만, 그 경우에 공리주의자들은 행위자의 인격과 행위자의 올바른 행동 모두를 배양할 수 없다면, 차라리 올바른 행위를 하도록 요구하고 가르치는 것이 더 낫다고 응답할 수 있을 것이다.

공리주의가 무신론적 이론이라는 반론이 있다. 그런데 공리주의가 무신론적 이론인지 아닌지는 우리가 가지고 있는 신에 대한 개념에 달려있다. 만일 신이 자비롭다면, 그런 사실은 행복에 대한 공리주의자들의 강조와 일관된다. 만일 이 반론이 신의 계시된 의지가 도덕의 기초라는 의미라면 공리주의자들은 그런 계시가 공리주의적이라고 주장할 수 있을 것이다. 그 반론이 윤리학은 신의 의지를 해석해야만 한다는 의미라면 이 경우에도 공리주의는 다른 도덕이론만큼의 권리를 주장할 수 있다.

공리주의는 도덕적 원칙이 아니라 편의와만 관련된다는 반론이 있는데 이에 대한 응답은 다음과 같다. 편의는 사익이나 즉각적인 이익과 관련되고, 보다 유용한 규칙들을 위반하는 것을 의미할 수 있다. 공리주의는 아주 특별한 경우에는 규칙을 위반하는 것을 허용하지만, 사익이나 즉각적인 이익 어느 쪽에도 기초하고 있지 않다.

행위자가 행동하기에 앞서 자신의 행동이 일반 행복에 미치는 영향을 계산할 충분한 시간이 없기 때문에 공리주의는 현실적인 도덕적인 지도 원리로 사용될 수 없다는 반론이 있는데, 이에 대한 응답은 인류는 역사를 통해서 여러 가지 행위들의 경향성이 어떤 것인지를 알게 되었기 때문에 공리주의는 행위자들이 1차적 원리인 공리주의 원리 그 자체가 아니라 2차적 원리들을 (예를 들어 위증을 해서는 안 된다, 약속을 지켜야 한다 등의 2차적 원리들을) 사용하도록 허용한다는 것이다.

공리주의자들은 도덕규칙에 대한 예외를 허용할 것이라는 반론이 있는데, 이에 대해서는 공리주의자들은 어떤 도덕 이론이든 변명의 소지를 제공하기 때문에 이것이 공리주의만이 가지고 있는 문제가 아닐뿐더러, 공리주의는 최소한 상충하는 여러 가지 도덕적 고려사항들을 원칙적으로 해결할 수 있다고 응답할 수 있다.

제3장 공리주의 원칙의 궁극적인 동기와 제재에 관하여

이미 의무의 감정에 기초하고 있는 관습적 도덕과 다른 도덕기준들에 대해서 그것들의 동기와 제재가 무엇인지, 즉 어디에서 그것들의 구속력이 나오는지 하는 질문들이 제기된다. 이런 질문들은 도덕교육이 향상되어서 공리주의가 내면화되기 전까지는 공리주의에 계속적으로 제기될 것이다.

공리주의 역시 다른 도덕기준과 마찬가지로 사회적이고 종교적인 동기와 같은 외적인 동기와 제재들을 사용할 수 있다. 내적인 동기와 제재의 대표적인 것으로 양심을 드는데, 양심은 의무를 수행하고자 하는 감정과 밀접히 연결되어 있고, 이는 또한 인류 동포와 조화를 이루고자 하는 감정과 밀접히 연결되어 있다. 양심의 본질이 이렇게 이해된다면, 공리주의는 양심에 의해 지지된다고 할 수 있다.

어떤 도덕이론가들은 도덕적 의무가 주관적이라고 믿는 사람들은 도덕적으로 행동하고자 하는 동기가 약하다고 말한다. 그러나 만일 그렇다면 이것은 공리주의에만 해당하는 특별한 문제가 아니라 할 수 있는데 객관주의자들도 양심을 무시할 수 있기 때문이다. 선천적인 도덕감에 대한 객관주의이고 직관주의 견해는 공리주의와 양립불가능한 것이 아니어서 공리주의자들도 선천적인 도덕감이 공리주의적이라고 주장할 수 있다. 그리고 만일 사람들이 의무감이 선천적으로 갖고 태어나는 것이 아니라 교육을 통해서 습득하는 것이라면 공리주의도 사람들에게 그런 의무감을 배양할 수 있다고 주장할 수 있다.

인위적으로 만들어진 의무감은 철학적인 반성에 의해서 약해질 수 있다. 그러나 공리주의에서 의무감은 인류의 자연적인 사회적 감정, 인간 동포들과 조화롭게 지내고자 하는 욕구에 기초하고 있기 때문에, 공리주의의 의무감은 굳건하다. 게다가 이미 적지 않은 사람들이 공리주의 원리에 따라 행동할 만큼 도덕적 의무감을 가지고 있다.

제4장 공리주의 원리는 어떻게 증명될 수 있는가

궁극적인 목적들은 추론에 의해서 증명될 수 없다. 사실의 문제들은 감관에 의해서 증명될 수 있다. 그러나 목적들의 경우에는 그와 유사한 증명같은 것이 있을 수 없다. 어떤 목적이란 욕구할 만한, 혹은 바람직한 어떤 것이다. 공리주의 견해는 행복이 욕구할 만한 유일한 것이라는 것이다. 이 견해를 증명하기 위해서는 무엇이 요구되는가? 어떤 것이 보여질 수 있다는 가시성은 사람들이 실제로 볼 수 있음에 의해 증명된다.

어떤 것이 욕구할 만하다는 것은 사람들이 실제로 그것을 욕구한다는 것에 의해서 증명된다. 각 사람이 그 자신의 행복을 욕구한다는 사실은 일반적인 행복이 욕구할 만하다는 충분한 증명이다.

그런데 사람들은 미덕같이 행복 외의 것들을 욕구하는 것처럼 보인다. 공리주의는 사람들이 미덕을 행복의 부분으로서 그 자체로 욕구한다는 것을 인정한다. 사람들은 돈도 미덕과 마찬가지로 행복의 부분으로서 그 자체로 욕구한다. 공리주의에 의하면 일반행복을 위해서 다른 어떤 것보다도 미덕을 함양하는 것이 중요하다. 따라서 사람들은 행복 외에는 어떤 것도 그 자체로 욕구하지 않는다. 사람들이 덕을 욕구하는 까닭은 유덕하다는 의식이 즐겁거나 부덕하다는 의식이 고통스럽기 때문이다. 따라서 만일 사람들이 행복 외에 아무것도 욕구하지 않는다면 공리주의는 증명될 것이다. 우리가 우리의 마음 속을 들여다본다면, 우리가 어떤 것을 욕구할 만하다고 생각하는 것과 그것을 즐거운 것이라고 생각하는 것이 동일하다는 것을 알게 될 것이다. 어떤 사람은 유덕한 행동이 즐거운 것이라고 생각하는 것과 무관하게 유덕한 행동을 할 의지를 가질 수 있다. 그러나 이것이 우리의 증명에 문제가 되지는 않는데 습관으로부터 일어나는 것은 본질적으로 좋은 것이라고 할 수 없기 때문이다. 습관적인 미덕은 그 자체로 좋은 것에 대한 하나의 수단일 뿐이다. 따라서 만일 쾌락만이 좋은 것이라는 견해가 참이라면 공리주의는 증명된 것이다.

제5장 정의와 공리의 관계에 대하여

공리주의 원리와 대립하는 정의의 원리가 존재한다는 믿음은 자연스러운 것으로 보인다. 그러나 어떤 믿음이 자연스럽다는 것이 우리가 그것에 따라 행동해야 한다거나 그것에 상응하는 객관적 실재가 있다는 것을 의미하는 것은 아니다. 우리는 우리의 정의감이 그 자체로 잘 정초된 것인지 아니면 그것이 공리주의를 통해 설명될 수 있는지 없는지를 물어야 한다.

그러기 위해서는 첫째 우리는 부정의한 것으로 인정되는 행위들에 어떤 공통점이 있는지를 찾아보아야 한다. 그리고 만일 그런 공통점이 있다면, 우리는 정의감이 발생하는 방식을 설명할 수 있는지 고려해 보아야 한다. 어떤 것들이 부정의하다고 인정되는가? 다음과 같은 영역에서 부정의의가 일어난다고 인정된다. 첫째, 어떤 사람이 법적 권리에 의해 소유하고 있는 것을 그에게서 빼앗거나 박탈하는 것은 부정의하다고 인정된다. 둘째, 비록 실정법으로 인정되지 않는다 하더라도, 사람들의 도덕적 권리를 침해하는 것은 부정의하다고 인정된다. 셋째, 만일 어떤 사람이 그가 받아 마땅하지 않는 이익을 받거나 해를 당하는 것은 부정의한 것으로 인정된다. 넷째, 다른 사람과 자발적으로 맺은 계약을 파기하는 것은 부정의한 것으로 인정된다. 다섯째, 적절하지 않게 편파적인 것은 부정의하다고 인정된다. 여섯째, 사람들을 불평등하게 대우하는 것이 사회 전체적으로 보다 이롭지 않다면, 정의는 모든 사람들을 평등하게 대우할 것을 요구한다고 인정된다.

정의가 무엇인지를 알아보는 방식의 하나로 '정의'라는 단어의 여러 가지 사용법에 있어서 공통적인 것이 무엇인지를 살펴보자면, 즉 어원을 통해서 그 용어의 역사를 고려해보자면, '정의'라는 단어의 어원은 원래는 실제로 존재하는 법을 준수하는 것이었는데, 그 후에는 이상적인 법을 준수하는 것을 의미하게 되었다.

법이 적용되지 않는 영역에서도 이상적인 법의 개념이 남아있다. 우리는 부정의는 법에 의해서가 아니라면 공적인 비판에 의해 벌을 받아야 한다고 생각한다. 단순한 편의와 대립되는 것으로서 일반적인 도덕 의무의 핵심에는 처벌의 요소가 있다. 그리고 정의는 권리의 개념을 통해 기술될 수 있다.

정의감의 원천은 무엇인가? 즉 정의의 개념에 수반하는 감정은 어디에서 오는가? 그 감정이 공리주의 기준인 일반적 행복을 위한 이해관심으로부터 나올 수 있는가? 저자인 밀은 그 감정 자체는 일반적 행복을 위한 이해관심으로부터 나올 수는 없지만, 그 감정에서 도덕적인 요소들은 그렇게 나올 수 있다고 주장한다. 정의감의 두 가지 요소는 첫째, 해를 끼친 사람을 처벌하고자 하는 욕구와 둘째, 어떤 개인이 부당하게 해를 입었다는 믿음이다. 처벌하고자 하는 바람은 자기방어의 충동과 공감으로부터 나온다. 동물도 자연적으로 자신들과 새끼들을 방어한다. 인간의 공감능력은 쾌락과 고통을 느낄 수 있는 모든 생물들에게 미칠 만큼 더 넓고, 더 지적이다. 전체로서의 사회에 대한 위협을 지각할 때 이런 인간의 충동이 발생한다. 정의감에서 도덕적인 부분은 단지 자기 이익이 아니라 사회전체의 일반이익에 대한 위협이 가해질 때 그런 정의감을 느낀다는데 있다. 그렇지만 정의감은 때로 사회에 대한 해가 아니라 특정 개인들에 대한 해와 관련된다는 반론이 제기될 수 있는데, 이런 반론에 대해서 정의로운 사람은 그가 주장하는 규칙이 다른 사람들의 이익을 위한 것이라는 인식에 기초한 것이라고 응답할 수 있다.

어떤 사람이 어떤 것에 대해서 소유권을 갖는다는 것은, 그 사람이 사회가 자신이 소유한 것을 보호해 주어야 한다고 정당하게 요구할 권리를 가진다는 것이다. 사회가 그렇게 개인의 권리를 보호해야 하는 유일한 이유는 일반적 공리이다. 정의감이 그렇게 강한 감정인 이유는 정의의 규칙들이 보호하는 안전이라는 복지 혹은 가치의 중요성 때문이다.

만일 정의가 공리와 무관하고 심지어 대립되는 자명한 기준이라면, 왜 정의에 관해 그렇게 많은 의견의 불일치가 있겠는가? 개인들은 서로 상충하는 정의의 원리들을 가지고 있다. 예를 들어 처벌과 관련해서 여러 가지 다른 견해들이 있다. (1) 처벌은 범죄를 저지른 사람을 처벌함으로써 범죄자 자신을 이롭게 할 경우에만 정의롭다. (2) 처벌은 다른 사람들이 범죄를 저지르지 못하도록 하는 효과를 가질 경우에만 정의롭다. (3) 인간의 행동은 자유롭지 않기 때문에 어떤 처벌도 정의롭지 않다. 그리고 범죄에 합당한 처벌에 관해서도 의견이 일치하지 않는다. (1) 눈에는 눈, 이에는 이로 대응해야 한다. (2) 처벌은 범죄에 비례해야 한다. (3) 처벌은 다른 사람들이 동일한 종류의 범죄를 저지르지 않을 정도여야 한다. 그리고 노동에 대해 보상이 어떻게 이루어져야 하는가에 대해서도 의견이 일치하지 않는다. (1) 사회는 사람들의 재능이나 기술에 대해 보상을 해야 한다. (2) 어떤 사람이 재능과 기술을 가지는가 하는 것은 도덕적으로 자의적이므로, 사회는 재능과 기술에 대해서 보상을 해서는 안 된다. 세금에 대해서도 마찬가지로 의견들이 일치하지 않는다. (1) 세금은 사람들이 가진 재산에 산술적으로 비례해야 한다. (2) 세금은 누진적이어야 한다. (3) 모든 사람은 동일한 액수의 세금을 내야 한다.

정의의 규칙들은 인간복리 혹은 행복을 위한 가장 중요한 조건들과 관련되어 있고, 그래서 보다 중요한 도덕적 의무들이다. 이 점은 권리의 개념 속에 함축되어 있다. 이런 도덕 규칙들은 인류의 사회적 감정에 의해서 결정되는데, 왜냐하면 이런 규칙들이 평화를 보전하고, 각 사람은 다른 사람들이 그런 규칙을 준수하도록 권장할 가장 강한 이유를 가지고 있기 때문이다. 가장 나쁜 부정의는 다른 사람들에 대한 공격 혹은 억압이고, 그 다음으로 나쁜 것은 마땅한 대우를 하지 않는 것이다. 이 양자는 해를 가하는 것을 내포한다.

복수의 욕망은 정의의 핵심요소로서 악을 악으로 갚고자 한다. 그리고 선을 선으로 갚지 않는 것 역시 해를 끼치는 것이다. 대부분의 정의의 규칙들은 악을 악으로, 선을 선으로 갚기 위한 수단이다. 불편부당함과 평등은 다른 정의의 의무들을 실행하기에 필요한 것들이며, 이런 의무들로부터 도출된 것으로 볼 수 있다. 그것들은 또한 최대행복 원리 자체에 직접적으로 기반하고 있다. 평등의 원리는 공리의 원리에 의해서 제약된다. 따라서 결론적으로 말하자면, 공리주의는 정의의 원칙을 인정하고 수용할 수 있기 때문에, 정의는 공리주의의 걸림돌이 되지 않는다.